SAINTE-HÉLÈNE

PARIS. IMPRIMÉ PAR HENRI PLON, RUE GARANCIÈRE, 8.

SAINTE-HÉLÈNE

PAR

M. A. THIERS

PARIS

LHEUREUX ET Cⁱᵉ, ÉDITEURS

31, RUE DE SEINE

1862

SAINTE-HÉLÈNE[1].

Au milieu de la joie qu'ils éprouvaient de leur entrée à Paris, les Bourbons et les représentants des cours étrangères avaient tout à coup ressenti un chagrin des plus vifs en apprenant que Napoléon avait réussi à s'évader. Ni les uns ni les autres ne se croyaient en sûreté si le grand perturbateur du monde demeurait libre, et dans leur trouble ils ne savaient pas encore si sa mort ne serait pas un sacrifice dû à la sécurité générale. Le malheur de cette évasion était imputé à M. Fouché, et on oubliait déjà qu'il venait de livrer les portes de Paris, pour lui reprocher amèrement de n'avoir pas livré Napoléon, ce qui était une occasion de

[1] Livre soixante-deuxième et dernier de l'*Histoire du Consulat et de l'Empire*.

dire qu'il trahissait tous les partis. Aussi les Bourbons et les alliés en étaient-ils venus d'un engouement extrême à un violent déchaînement contre leur favori de ces derniers jours. M. de Talleyrand et le duc de Wellington avaient seuls osé défendre M. Fouché, en disant qu'après tout il leur avait ouvert Paris, et que si l'évasion de Napoléon était la condition de ce service, il ne fallait pas trop se plaindre. Malgré leurs sages réflexions on s'était fort emporté aux Tuileries, et M. Fouché appelé devant le Roi, le soir même de l'entrée à Paris, c'est-à-dire le 8 juillet, n'avait pas osé soutenir la bonne action qu'il avait faite le 6, en réitérant l'ordre d'obliger Napoléon à quitter Rochefort. Il s'en était au contraire humblement défendu, et sur les instances de Louis XVIII il avait promis de faire son possible pour ressaisir le redoutable fugitif, soit sur terre, soit sur mer. Néanmoins il n'avait pas tenu parole, et rentré au ministère de la police, il n'avait pas expédié de courrier, laissant ainsi toute leur valeur à ses ordres antérieurs. Quand on a le courage du bien, il faudrait en avoir la fierté. Pourtant mieux vaut encore le faire, lors même que par faiblesse ou intérêt on n'a pas la force de s'en vanter.

Napoléon avait quitté la Malmaison le 29 juin, à cinq heures. La chaleur était suffocante, et les compagnons de Napoléon, muets et profondément tristes, respectaient son silence. Arrivé à Rambouillet il voulut y passer la nuit pour se reposer, disait-il, mais en réalité pour s'éloigner plus lentement de ce trône, duquel il venait de descendre pour tomber dans une affreuse captivité. Un regret, une simple réflexion de ces hommes qui en présence des armées ennemies s'étaient privés de son épée, pouvaient lui rendre le commandement, et il y tenait plus qu'au trône même. Après avoir attendu la nuit et la matinée du 30 juin, il partit au milieu du jour, traversa Tours le lendemain 1er juillet, entretint le préfet quelques instants, prit ensuite la route de Poitiers, s'arrêta en dehors de la ville pendant les heures de la grande chaleur, fut exposé en traversant Saint-Maixent à quelque danger de la part de la populace vendéenne, et arriva dans la soirée à Niort, sans avoir proféré une parole pendant ce long trajet. Reconnu dans cette ville, il y devint l'objet d'un intérêt ardent, car la population, suivant le langage du pays, était *bleue*, par haine des *blancs* dont elle était entourée. Il y avait à Niort des troupes impériales envoyées sur les lieux pour la répression des insurgés, et Napoléon s'y trouvait en parfaite sûreté. La petite hôtellerie où il était descendu fut bientôt entourée de soldats, de gens du peuple, de bourgeois, criant : *Vive l'Empereur !* et demandant avec instance à le voir. Malgré son peu de penchant à se montrer, il consentit à paraître à une fenêtre, et sa présence provoqua des acclamations, qui dilatèrent un moment son cœur profondément serré. — Restez avec nous! lui criait-on de toute part, et à ces cris on ajoutait la promesse de le bien défendre. — Le préfet vint lui-même le supplier de prendre gîte à la préfecture, et il se rendit à tant de témoignages assurément bien désintéressés. Il passa ainsi la journée du 2 juillet à Niort, au milieu d'une émotion inexprimable qu'il partageait, et à laquelle il n'avait guère le désir de se soustraire. Cependant le 3 au matin le général Beker, toujours plein de respect et de déférence, lui fit sentir le danger de ces lenteurs, car d'un instant à l'autre la rade de Rochefort pouvait être bloquée, et il lui deviendrait impossible alors de gagner les États-Unis. Il se décida donc à partir, malgré la peine qu'il éprouvait à quitter une population si amicale et si hospitalière. Il s'éloigna en cachant dans ses mains son visage vivement ému, et fut escorté par la cavalerie, qui le suivit aussi loin que les forces des chevaux le permirent. Il entra dans Rochefort le 3 juillet au soir.

Le préfet maritime, M. de Bonnefoux, comprenait ses devoirs comme le général Beker. Il voulait obéir au gouvernement, mais en lui obéissant conserver tous les respects dus au grand homme que la fortune venait de mettre à sa discrétion pour quelques jours. La population partageait les sentiments de celle de Niort. Elle avait de véritables obligations à Napoléon, qui avait fait exécuter de vastes travaux sur son territoire, et elle renfermait dans son sein une multitude de marins sortis récemment des prisons d'Angleterre. Il y avait en outre à Rochefort un régiment de marine caserné à l'île d'Aix, une garnison nombreuse, 1,500 gardes nationaux d'élite, beaucoup de gendarmerie réunie pour la répression des royalistes, et par conséquent tous les moyens de protéger l'Empereur déchu, de le seconder même dans une dernière témérité. Le matin du 4 la nouvelle de l'arrivée de Napoléon s'étant répandue, les habitants s'assemblèrent sous ses fenêtres, demandèrent à le voir, et dès qu'il parut poussèrent des cris frénétiques de *Vive l'Empereur!* Fort touché de cet accueil, Napoléon les remercia de la main, et rassuré par le spectacle qu'il avait sous les yeux, certain qu'au milieu d'hommes aussi bien disposés il n'aurait aucun danger à courir, il résolut de s'arrêter quelques jours afin de réfléchir mûrement au parti qu'il avait à prendre. Quitter définitivement le sol de la France, et cette fois pour toujours, était pour lui le plus cruel des sacrifices. Il ne comprenait pas qu'en présence de l'Europe en armes, les hommes qui gouvernaient eussent refusé son concours même à titre de simple général. Il se disait qu'au dernier moment l'armée raisonnerait peut-être d'une manière différente, et, semblable au condamné à mort, il s'attachait aux moindres espérances, même aux plus invraisemblables. Une telle disposition devait le porter à perdre du temps, car le temps perdu sur la côte de France pourrait être du temps gagné, en faisant naître un accident imprévu, tel qu'un acte de désespoir de l'armée par exemple, qui l'appellerait encore à se mettre à sa tête.

Toutefois si le temps en s'écoulant donnait quelque chance à un retour vers lui (retour du reste bien peu probable), il ôtait toute chance d'échapper aux Anglais, et de se dérober à une dure captivité. Il n'était pas possible en effet que les nombreux émissaires qui communiquaient sans cesse avec la flotte anglaise, ne fissent pas connaître l'arrivée de Napoléon à Rochefort, et ne rendissent pas plus étroit le blocus de la côte. Jusqu'au 29 juin la croisière avait paru peu nombreuse et même assez éloignée, mais depuis ce jour-là elle s'était rapprochée des deux pertuis

(pertuis Breton et pertuis d'Antioche), par lesquels Rochefort communique avec la mer. Les
frégates *la Saale* et *la Méduse*, de construction
récente, réputées les meilleures marcheuses de la
marine française, montées par des équipages excellents et tout à fait dévoués, étaient en rade, prêtes
à faire voile au premier signal. Les ordres du gouvernement provisoire, renouvelés tout récemment,
prescrivaient d'obéir à l'empereur Napoléon, de
le transporter partout où il voudrait, excepté sur
les côtes de France. Le commandant de *la Saale*, le
capitaine Philibert, ayant les deux frégates sous
ses ordres, était un marin expérimenté, fidèle à
ses devoirs, mais moins audacieux que son second,
le capitaine Ponée, commandant de *la Méduse*, et
disposé à tout tenter pour déposer Napoléon en
terre libre. Ce brave officier y voyait un devoir
à remplir envers le malheur et envers la gloire
de la France, personnifiée à ses yeux dans la
personne de Napoléon, qui ne lui semblait pas
moins glorieux pour être aujourd'hui le vaincu de
Waterloo.

A peine arrivé, Napoléon voulut qu'on exami-
nât dans un conseil de marine les divers partis à
prendre pour se soustraire à la croisière anglaise,
et gagner la pleine mer. Le préfet maritime appela
à ce conseil les marins les plus expérimentés du

pays, et entre autres l'amiral Martin, vieil officier de la guerre d'Amérique, fort négligé sous l'Empire, mais qui se conduisit en cette occasion comme s'il eût toujours été comblé de faveurs. Malgré le rapprochement de la croisière anglaise, les deux frégates étaient réputées si bonnes voilières, qu'on ne doutait pas, une fois les pertuis franchis, de les voir échapper à toutes les poursuites de l'ennemi. Mais il eût fallu pour cela des vents favorables, et malheureusement les vents se montraient obstinément contraires. Un capitaine de vaisseau danois, Français de naissance, réduit à servir en Danemark faute d'emploi dans sa patrie, offrait de transporter Napoléon en Amérique, et de le cacher si bien que les Anglais ne pussent le découvrir. Il demandait seulement qu'on indemnisât ses armateurs du dommage qui pourrait résulter pour eux d'une semblable expédition. Tout annonçait la parfaite bonne foi de ce brave homme, mais il répugnait à Napoléon de s'enfoncer dans la cale d'un vaisseau neutre, et de s'exposer à être surpris dans une position peu digne de lui. L'amiral Martin imagina une autre combinaison. Il y avait aux bouches de la Gironde une corvette bien armée, et montée par un officier d'une rare audace, le capitaine Baudin (depuis amiral Baudin), ayant déjà perdu un bras au feu, et capable des actes les plus téméraires. Il était facile de remonter de la Charente dans la Seudre, sur un canot bien armé, et puis en faisant un trajet de quelques lieues dans les terres, d'atteindre Royan, où Napoléon pourrait s'embarquer. La Gironde attirant alors beaucoup moins que la Charente l'attention des Anglais, il y avait grande chance de gagner là pleine mer, et d'aborder sain et sauf aux rivages d'Amérique.

Cette combinaison ingénieuse parut convenir à Napoléon, et, sans l'adopter définitivement, il fut décidé qu'on examinerait si elle était praticable. Pendant ce temps, des vents favorables pouvaient se lever, et il n'était même pas impossible qu'on reçût les sauf-conduits demandés au duc de Wellington. C'étaient là de spécieux prétextes pour perdre du temps, prétextes qui plaisaient à Napoléon plus qu'il ne se l'avouait à lui-même. En ce moment son frère Joseph, après avoir couru plus d'un péril, venait d'arriver à Rochefort. Il avait vu les colonnes de l'armée française en marche vers la Loire, et il avait recueilli les discours de la plupart de ses chefs, lesquels demandaient instamment que Napoléon se mît à leur tête, et en prolongeant la guerre essayât d'en appeler de Waterloo à quelque événement heureux, toujours possible sous son commandement.

1.

Ces nouvelles agitèrent fortement Napoléon, et il y avait de quoi. Il est certain qu'en approchant des provinces de l'Ouest, l'armée française réunie à tout ce qui avait été envoyé dans ces provinces, devait s'élever à 80 mille hommes, que placée derrière la Loire elle avait bien des moyens de disputer cette ligne aux ennemis qui s'affaibliraient à mesure qu'ils s'enfonceraient en France, et qu'en se battant avec le désespoir de 1814 elle pouvait remporter quelque victoire féconde en conséquences. Perdus pour perdus, les chefs militaires les plus compromis, ayant Napoléon à leur tête, n'avaient pas mieux à faire que de risquer ce dernier effort, qui, à leurs yeux, aux yeux de la nation, aurait pour excuse le désir d'arracher la France aux mains de l'étranger.

Napoléon se mit à peser les diverses chances qui s'offraient encore, et si chaque fois qu'il abordait ce sujet il était animé d'une vive ardeur, cette ardeur s'éteignait bientôt à la réflexion. A tenter une telle aventure il aurait dû le faire à Paris, quand il avait encore le pouvoir dans les mains et toutes les ressources de la France à sa disposition. Mais maintenant qu'il avait abdiqué, qu'il avait abandonné le pouvoir légal, qu'en face des Bourbons rentrés à Paris il n'était plus qu'un rebelle, que retiré derrière la Loire il aurait la

France non-seulement partagée moralement comme la veille de l'abdication, mais partagée matériellement, les probabilités de succès étaient devenues absolument nulles. Sans doute il ferait durer la lutte, mais en couvrant le pays de ruines, et en étendant les horreurs de la guerre du nord de la France qui seul les avait connues, au centre, au midi qui ne les avaient ressenties que par la conscription. Napoléon se dit donc à lui-même qu'il était trop tard, et qu'à risquer un coup de désespoir il aurait fallu le faire en arrivant à Paris, et en dissolvant le jour même la Chambre des représentants. Pourtant ce n'était pas d'un seul coup que l'idée d'une dernière tentative pouvait sortir définitivement de l'esprit de Napoléon. Quand il l'avait écartée, elle revenait après quelques heures d'abandon, ravivée par l'abandon même, et par l'horreur de la situation qu'il entrevoyait. Il laissa s'écouler ainsi les 5, 6, 7 juillet, ayant l'air d'examiner les diverses propositions d'embarquement qu'on lui avait soumises, d'attendre les vents qui ne se levaient pas, et en réalité n'employant le temps qu'à repousser et à reprendre tour à tour la résolution de se jeter dans les rangs de l'armée de la Loire, résolution plus funeste encore si elle s'était accomplie, que celle qui l'avait ramené de l'île d'Elbe, et dont le résultat le plus probable eût été d'ajouter un nouveau et plus affreux désastre à l'immense désastre de Waterloo.

Le digne général Beker contemplait avec douleur cette longue temporisation, et n'osait prendre sur lui de pousser pour ainsi dire hors du territoire l'homme qui, aux yeux de tout Français éclairé et patriote, avait tant de torts, mais tant de titres. Cependant différer n'était plus possible. La raison disait que chaque heure écoulée compromettait la sûreté de Napoléon; et d'ailleurs les ordres venus de Paris ne laissaient même plus le choix de la conduite à tenir. En effet, soit le gouvernement provisoire tout entier, soit le ministre de la marine Decrès, resté très-fidèle à son maître, répétaient au général Beker qu'il fallait faire partir Napoléon, dans son intérêt comme dans celui de l'État, que la prolongation de sa présence sur les côtes rendait les négociations de paix plus difficiles, et donnait aux Anglais le temps de resserrer étroitement le blocus. Le ministre de la marine, en pressant le général Beker de hâter ce départ, l'autorisait à y employer non-seulement les frégates, mais tous les bâtiments disponibles à Rochefort, sans consulter aucunement l'intérêt de ces bâtiments. Ce que le ministre ne disait pas, mais ce que le général Beker devinait parfaitement, c'est que le gouvernement provisoire n'avait plus que quelques heures à vivre, et que le gouvernement qui lui succéderait donnerait de nouveaux ordres, probablement fort rigoureux pour la personne de l'empereur déchu.

Le 8 au matin le général Beker fit part à Napoléon des instances du gouvernement provisoire, instances sincères et inspirées par les motifs les plus honorables. Il lui fit remarquer à quel point la difficulté de franchir la croisière anglaise s'augmentait chaque jour, et enfin il ne lui dissimula point la plus grave de ses craintes, la survenance de nouveaux ordres, si, comme tout l'annonçait, le gouvernement provisoire était renversé au profit de l'émigration victorieuse. Ces raisons étaient si fortes que Napoléon n'y objecta rien, et prescrivit de tout préparer pour que dans la journée on se rendît à l'île d'Aix.

Le soir en effet, il monta en voiture pour se diriger vers Fouras, à l'embouchure de la Charente dans la rade de l'île d'Aix. La population avertie de son départ, accourut sur son passage, et l'accompagna des cris de *Vive l'Empereur!* Tous les cœurs étaient vivement émus, et des larmes coulaient des yeux de beaucoup de vieux visages hâlés par la mer et la guerre. Napoléon, partageant l'émotion de ceux qui saluaient ainsi son malheur, leur fit de la main des adieux expressifs, et partit. Plusieurs voitures contenant ses compagnons de voyage suivaient la sienne, et à la chute du jour on atteignit les bords de la mer. Le vent désiré ne soufflait pas, et cependant Napoléon, au lieu de se transporter à l'île d'Aix, aima mieux coucher à bord de *la Saale*, afin de pouvoir profiter de la première brise favorable. Il monta dans les canots des frégates, et fut accueilli sur *la Saale* avec un profond respect. Rien n'était encore prêt pour l'y recevoir, et il s'installa comme il put sur ce bâtiment qui semblait destiné à le porter en Amérique.

Le lendemain les vents restant les mêmes, Napoléon visita l'île d'Aix. Il s'y rendit avec sa suite dans les canots des frégates. Les habitants étaient tous accourus à l'endroit où il devait débarquer, et l'accueillirent avec des transports. Il passa en revue le régiment de marine qui était composé de quinze cents hommes sur lesquels on pouvait compter. Ils firent entendre à Napoléon les cris ardemment répétés de *Vive l'Empereur!* en y ajoutant ce cri, plus significatif encore : *A l'armée de la Loire!* Napoléon les remercia de leurs témoignages de dévouement, et alla visiter les immenses travaux exécutés sous son règne pour la sûreté de cette grande rade. Toujours suivi par la population et les troupes, il se rendit au quai d'embarquement, et vint coucher à bord des frégates.

Lé lendemain, il fallait enfin se décider pour un parti ou pour un autre. Le préfet maritime Bonnefoux apporta de nouvelles dépêches de Paris pour le général Beker. Celles-ci étaient encore plus formelles que les précédentes. Elles ôtaient toute espérance d'obtenir les sauf-conduits demandés, prescrivaient le départ immédiat; autorisaient de nouveau à expédier les frégates à tout risque, et si les frégates trop visibles ne paraissaient pas propres à tromper la vigilance de l'ennemi, à se servir d'un aviso bon marcheur qui transporterait Napoléon partout où il voudrait, excepté sur une partie quelconque des rivages de la France. Ces dépêches modifiaient en un seul point les dépêches antérieures. Jusqu'ici, prévoyant le cas où Napoléon serait tenté de se confier aux Anglais, elles avaient défendu de l'y aider, le gouvernement provisoire craignant qu'on ne l'accusât d'une trahison. Maintenant ce gouvernement commençant à croire, d'après les passions qui éclataient sous ses yeux, que Napoléon serait moins en danger dans les mains de l'Angleterre que dans celles de l'émigration victorieuse, autorisait à communiquer avec la croisière anglaise, mais sur une demande écrite de Napoléon, de manière qu'il ne pût s'en prendre qu'à lui-même des conséquences de sa détermination.

D'après de telles instructions il n'y avait plus à hésiter, et il fallait adopter une résolution quelconque. Le capitaine français Besson, commandant le vaisseau neutre danois, persistait dans son offre, certain de cacher si bien Napoléon que les Anglais ne pourraient le découvrir, mais Napoléon répugnait toujours à ce mode d'évasion. Sortir avec les frégates n'était pas devenu plus facile, bien que le vent fût moins contraire, et dans le doute on envoya une embarcation pour reconnaître les passes et la position qu'y occupaient les Anglais. On reprit en outre la proposition fort ingénieuse du vieil amiral Martin, consistant à remonter la Seudre en canot, à traverser à cheval la langue de terre qui séparait la Charente de la Gironde, et à s'embarquer ensuite à bord de la corvette du capitaine Baudin. Un officier fut dépêché auprès de ce dernier afin de prendre tous les renseignements nécessaires. Enfin, pour ne négliger aucune des issues par lesquelles on pouvait se tirer de cette situation si embarrassante, Napoléon imagina d'envoyer l'un des amis qui l'accompagnaient auprès de la croisière anglaise, pour savoir si, par hasard, on n'y aurait pas reçu les sauf-conduits qui n'avaient pas été transmis de Paris, et surtout si on serait disposé à l'y accueillir d'une manière à la fois convenable et rassurante. Au fond, Napoléon inclinait plus à en finir par un acte de confiance envers la nation britannique, que par une témérité d'un succès peu vraisemblable, et tentée par des moyens peu conformes à sa gloire. S'il était découvert caché dans la cale d'un vaisseau neutre, ses ennemis auraient la double joie de le capturer et de le surprendre dans une position si peu digne de lui. S'il était arrêté à la suite d'un combat de frégates, on dirait qu'après avoir fait verser tant de sang pour son ambition, il venait d'en faire verser encore pour sa personne, et dans les deux cas on aurait sur lui tous les droits de la guerre. Supposé même qu'il réussît à gagner l'Amérique, il était sans doute assuré qu'elle l'accueillerait avec empressement, car il jouissait chez elle d'une très-grande popularité, mais il n'était pas aussi certain qu'elle saurait le défendre contre les revendications de l'Europe, qui ne manquerait pas de le redemander avec menace, de l'exiger même au besoin par la force. Devait-il, après avoir rempli l'ancien monde des horreurs de la guerre, les porter jusque dans le nouveau? Bien qu'il rêvât une vie calme et libre au sein de la vaste nature américaine, il avait trop de sagacité pour croire que le vieux monde lui laisserait cet asile, et n'irait pas l'y chercher à tout prix. Il aimait donc mieux s'adresser aux Anglais, essayer de les piquer d'honneur par un grand acte de confiance, en se livrant à eux sans y être forcé, et en tâchant d'obtenir ainsi de leur générosité un asile paisible et respecté. Ils l'avaient accordé à Louis XVIII, et à tous les princes qui l'avaient réclamé : refuseraient-ils à lui seul ce qu'ils avaient accordé à tous les malheureux illustres? Sans doute, il n'était point un réfugié inoffensif comme Louis XVIII; mais en contractant au nom de son honneur, au nom de sa gloire, l'engagement de ne plus troubler le repos du monde, ne pourrait-il pas obtenir qu'on ajoutât foi à sa parole? D'ailleurs, sans précisément le constituer captif, il était possible de prendre contre lui des précautions auxquelles il se prêterait, et qui calmeraient les inquiétudes de l'Europe. S'il réussissait, il serait au comble de ses vœux, de ceux du moins qu'il lui était permis de former dans sa détresse, car bien que la liberté au fond des solitudes américaines lui plût, la vie privée au milieu d'une des nations les plus civilisées du monde, dans le commerce des hommes éclairés, lui plaisait davantage. Renoncer à la vie agitée, terminer sa carrière au sein du repos, de l'amitié, de l'étude, de la société des gens d'esprit, était son rêve du moment. Quoi qu'il pût advenir, une telle chance valait à ses yeux la peine d'une tentative, et il chargea M. de Las Cases qui parlait l'anglais, et le duc de Rovigo qui avait toute sa confiance, de se transporter à bord du *Bellérophon*, sur lequel flottait le pavillon du commandant de la station anglaise, pour y recueillir les informations nécessaires.

Dans la nuit du 9 au 10 juillet, MM. de Las Cases et de Rovigo se rendirent sur un bâtiment léger à bord du *Bellérophon*. Ils y furent reçus par le capitaine Maitland, commandant de la croisière, avec infiniment de politesse, mais avec une réserve qui n'était guère de nature à les éclairer sur les intentions du gouvernement britannique. Le capitaine Maitland ne connaissait des derniers événements que la seule bataille de Waterloo. Le départ de Napoléon, sa présence à Rochefort, étaient des circonstances tout à fait nouvelles pour lui. Il n'avait point reçu de sauf-conduits, et il en résultait naturellement qu'il arrêterait tout bâtiment de guerre qui voudrait forcer le blocus, et visiterait tout bâtiment neutre qui voudrait l'éluder. Quant à la personne de Napoléon, il n'avait ni ordre, ni défense de l'accueillir, le cas n'ayant pas été prévu. Mais c'était chose toute simple qu'il le reçût à son bord, car on reçoit toujours un ennemi qui se rend, et il ne doutait pas que la nation anglaise ne traitât l'ancien empereur des Français avec les égards dus à sa gloire et à sa grandeur passée. Cependant il ne pouvait, à ce sujet, prendre aucun engagement, étant absolument dépourvu d'instructions pour un cas aussi extraordinaire et si difficile à prévoir. Du reste, le capitaine Maitland offrait d'en référer à son supérieur, l'amiral Hotham, qui croisait actuellement dans la rade de Quiberon. Les deux envoyés de Napoléon accédèrent à cette proposition, et se retirèrent satisfaits de la politesse du chef de la station, mais fort peu renseignés sur ce qu'on pouvait attendre de la générosité britannique. Le capitaine Maitland les suivit avec le *Bellérophon*, et vint mouiller dans la rade des Basques, pour être plus en mesure, disait-il, de donner suite aux communications commencées.

Le 11, Napoléon reçut le rapport de MM. de Rovigo et de Las Cases, rapport assez vague comme on le voit, point alarmant sans doute, mais pas très-rassurant non plus sur les conséquences d'un acte de confiance envers l'Angleterre. L'officier envoyé pour reconnaître les pertuis déclara que les Anglais étaient plus rapprochés, plus vigilants que jamais, et que passer sans être aperçu était à peu près impossible. Il n'y avait donc que le passage de vive force qui fût praticable, et pour y

réussir, la difficulté véritable était *le Bellérophon*,
qui était venu prendre position dans la rade des
Basques. C'était un vieux soixante-quatorze, marcheur médiocre, et qui n'était pas un obstacle
insurmontable pour deux frégates toutes neuves,
bien armées, montées par des équipages dévoués,
et très-fines voilières. Quant aux autres bâtiments
anglais composant la station, ils étaient de si faible
échantillon qu'on n'avait pas à s'en préoccuper. Il
y avait encore d'ailleurs dans le fond de la rade une
corvette et divers petits bâtiments dont on pourrait
se servir, et en ne perdant pas de temps, en faisant acte d'audace, on réussirait vraisemblablement
à franchir le blocus de vive force.

Napoléon s'adressa aux deux capitaines com-
mandants de *la Saale* et de *la Méduse*, pour savoir
ce qu'ils pensaient d'une semblable tentative. Les
vents étaient devenus variables, et la difficulté
naissant du temps n'était plus aussi grande. Cette
situation provoqua de la part du capitaine Ponée,
commandant de *la Méduse*, une proposition héroïque. Il soutint qu'on pouvait sortir moyennant
un acte de dévouement, et cet acte il offrait de
l'accomplir, en répondant du succès. Il lèverait
l'ancre, disait-il, au coucher du soleil, moment
où soufflait ordinairement une brise favorable à la
sortie. Il irait se placer bord à bord du *Bellérophon*,

lui livrerait un combat acharné, et demeurerait attaché à ses flancs jusqu'à ce qu'il l'eût mis, en sacrifiant *la Méduse,* dans l'impossibilité de se mouvoir. Pendant ce temps, *la Saale* gagnerait la pleine mer, en laissant derrière elle, ou en mettant hors de combat les faibles bâtiments qui voudraient s'opposer à sa marche.

Ce hardi projet présentait des chances de succès presque assurées, et Napoléon en jugea ainsi. Mais le capitaine Philibert, qui était chargé de la partie la moins dangereuse de l'œuvre, et qui dès lors était plus libre d'écouter les considérations de la prudence, parut craindre la responsabilité qui pèserait sur lui s'il vouait à une perte presque certaine l'un des deux bâtiments placés sous son commandement. Il n'y aurait eu qu'un égal dévouement de la part des deux capitaines qui aurait pu décider Napoléon à accepter le sacrifice proposé. Prenant la main du capitaine Ponée et la serrant affectueusement, il refusa son offre en lui disant qu'il ne voulait pas pour le salut de sa personne sacrifier d'aussi braves gens que lui, et qu'il désirait au contraire qu'ils se conservassent pour la France. —

Dès ce moment il n'y avait plus à songer aux frégates. Restait le projet d'aller s'embarquer sur la Gironde. L'officier envoyé auprès du capitaine

Baudin était revenu avec des renseignements sous quelques rapports très-favorables. Le capitaine Baudin déclarait sa corvette excellente, répondait de sortir avec elle, et de conduire Napoléon où il voudrait. Malheureusement le trajet par terre était presque impraticable, car il fallait l'exécuter à travers des campagnes où les royalistes dominaient complétement. Les esprits y étaient en éveil, et on courait le danger d'être enlevés si on était peu nombreux, ou d'avertir les Anglais si on était en nombre suffisant pour se défendre. Cette issue elle-même était donc presque fermée, tandis que celle des deux frégates venait de se fermer absolument.

Le lendemain 12, Napoléon reçut la visite de son frère, et des dépêches de Paris qui contenaient le récit des derniers événements. Le gouvernement provisoire était renversé, M. Fouché était maître de Paris pour le compte de Louis XVIII, et de nouveaux ordres fort hostiles étaient à craindre. Dès ce moment il fallait s'éloigner des rivages de France, n'importe comment, car les Anglais eux-mêmes étaient moins à redouter pour Napoléon que les émigrés victorieux. Napoléon quitta donc *la Saale*, les frégates ne pouvant plus être le moyen de transport qui le conduirait dans un autre hémisphère. Il reçut les adieux chaleureux des équipages, et se fit débarquer à l'ile d'Aix, où la population l'accueillit comme les jours précédents. Il fallait enfin prendre un parti, et le prendre tout de suite. Remonter la Seudre en canot, et traverser à cheval la langue de terre qui sépare la Charente de la Gironde, était devenu définitivement impossible, car depuis les dernières nouvelles de Paris, le drapeau blanc flottait dans les campagnes. Les royalistes y étaient triomphants, et on n'avait aucune espérance de leur échapper. Mais il surgit une proposition nouvelle tout aussi plausible et tout aussi héroïque que celle du capitaine Ponée. Le bruit s'étant répandu que les frégates n'auraient pas l'honneur de sauver Napoléon, par suite de l'extrême prudence qu'avait montrée l'un des deux capitaines, les jeunes officiers, irrités, imaginèrent un autre moyen de se dérober à l'ennemi. Ils offrirent de prendre deux chasse-marée (espèce de gros canots pontés), de les monter au nombre de quarante à cinquante hommes résolus, de les conduire à la rame ou à la voile en dehors des passes, et ensuite de se livrer à la fortune des vents qui pourrait leur faire rencontrer un bâtiment de commerce dont ils s'empareraient, et qu'ils obligeraient de les transporter en Amérique. Il était hors de doute qu'à la faveur de la nuit et à la rame ils passeraient sans être aperçus. Une grave objection s'élevait cependant contre cette nouvelle combinaison. Dans ces parages, il était probable que si on ne trouvait pas immédiatement un bâtiment de commerce, on serait poussé à la côte d'Espagne, où il y aurait les plus grands dangers à courir.

Néanmoins le projet fut accueilli, et ces braves officiers furent autorisés à tout préparer pour son exécution. Ils choisirent les plus vigoureux, les plus hardis d'entre eux, s'adjoignirent un nombre suffisant de matelots d'élite, et le lendemain au soir, 13, ils amenèrent leurs deux embarcations au mouillage de l'île d'Aix. Le parti de Napoléon était pris, et il allait essayer de ce mode d'évasion, lorsqu'une indicible confusion se produisit autour de lui. Les personnes qui l'accompagnaient étaient nombreuses, et parmi elles se trouvaient les familles de plusieurs de ses compagnons d'exil. Celles qui ne partaient pas éprouvaient la douleur de la séparation, les autres la terreur d'une tentative qui allait les exposer dans de frêles canots à l'affreuse mer du golfe de Gascogne. Les femmes sanglotaient. Ce spectacle bouleversa l'âme ordinairement si ferme de Napoléon. On fit valoir auprès de lui diverses raisons, auxquelles il ne s'était pas arrêté d'abord, telles que la possibilité, si on ne rencontrait pas tout de suite un bâtiment de commerce, d'être poussé à la côte d'Espagne où l'on périrait misérablement, et la très-grande probabilité aussi d'être aperçu par les Anglais qui ne manqueraient pas de poursuivre et de saisir les deux canots. — Eh bien, dit-il à la vue des larmes qui coulaient, finissons-en, et livrons-nous aux Anglais, puisque de toute manière nous avons si peu de chance de leur échapper. — Il remercia les braves jeunes gens qui offraient de le sauver au péril de leur vie, et il résolut de se livrer lui-même le lendemain à la marine-britannique.

Le lendemain 14 il envoya de nouveau à bord du *Bellérophon* pour savoir quelle avait été la réponse que le capitaine Maitland avait reçue de son supérieur l'amiral Hotham, lequel, avons-nous dit, croisait dans la rade de Quiberon. Ce fut encore M. de Las Cases, accompagné cette fois du général Lallemand, qui fut chargé de cette mission. Le capitaine Maitland répéta qu'il était prêt à recevoir l'empereur Napoléon à son bord, mais sans prendre aucun engagement formel, puisqu'on n'avait pas eu le temps de demander des instructions à Londres. Il affirma de nouveau, toujours d'après son opinion personnelle, que l'Empereur trouverait en Angleterre l'hospitalité que les fugitifs les plus illustres y avaient obtenue en tout temps. En parlant ainsi le capitaine Maitland ne prévoyait pas le sort qui attendait Napoléon en Angleterre, mais évidemment le désir d'attirer à son bord l'ancien maître du monde, et de pouvoir l'amener à ses compatriotes émerveillés d'une telle capture, le disposait à promettre un peu plus qu'il n'espérait, car il ne pouvait pas supposer que le gouvernement anglais laisserait Napoléon aussi libre que Louis XVIII. En promettant ainsi un peu plus qu'il n'espérait à des malheureux enclins à croire plus qu'on ne leur promettait, il contribuait à produire une illusion qui n'était pas loin d'équivaloir à un mensonge. Le général Lallemand qui était condamné à mort, ayant demandé s'il était possible que l'Angleterre livrât au gouvernement français lui et plusieurs de ses compagnons d'infortune placés dans la même position, le capitaine Maitland repoussa cette crainte comme un outrage, et devint sur ce point tout à fait affirmatif, ce qui prouvait qu'il faisait bien quelque différence entre la situation du général Lallemand et celle de Napoléon, et qu'il ne méconnaissait pas complétement le danger auquel celui-ci s'exposait en venant à bord du *Bellérophon*. Du reste à l'égard de la personne de l'empereur déchu, il répéta toujours qu'il n'avait aucun pouvoir de s'engager, et qu'il se bornait à dire comme citoyen anglais ce qu'il présumait de la magnanimité de sa nation.

Rassurés par ce langage plus qu'il n'aurait fallu l'être, MM. de Las Cases et Lallemand revinrent à l'île d'Aix pour informer Napoléon du résultat de leur mission. Il les écouta avec attention, et forcé qu'il était de se confier aux Anglais, il vit dans ce qu'on lui rapportait une raison d'espérer des traitements au moins supportables, et dans sa détresse c'était tout ce qu'il pouvait se flatter d'obtenir. Cependant avant de se déterminer il délibéra une dernière fois avec le petit nombre d'amis qui l'entouraient sur la résolution qu'il s'agissait de prendre. Tous les moyens d'évasion avaient été proposés, examinés, abandonnés. Il ne restait plus de choix qu'entre un acte de confiance envers l'Angleterre, ou un acte de désespoir en France, en se rendant à l'armée de la Loire. On avait des nouvelles de cette armée, on connaissait ses amers regrets, son exaltation, et on savait que Napoléon en obtiendrait encore des efforts héroïques. Les moyens d'aller à elle ne manquaient pas. On avait le régiment de marine de l'île d'Aix qui était de 1500 hommes, et qui avait fait retentir le cri significatif : *A l'armée de la Loire!* On avait la garnison de Rochefort qui n'était pas moins bien disposée, et en outre quatre bataillons de fédérés qui offraient leur concours, quoi que Napoléon voulût tenter. Ces divers détachements compo-

saient une force d'environ cinq à six mille hommes,
avec lesquels Napoléon pourrait traverser en sûreté
la Vendée pour rejoindre l'armée de la Loire, qui
eût été ainsi renforcée d'un gros contingent et surtout de sa présence. Mais ces facilités ne pouvaient
faire oublier la gravité de l'entreprise, et les nouveaux malheurs qu'on allait verser sur la France.
Il n'y avait en effet d'autre chance que de prolonger inutilement les calamités de la guerre, pour
aboutir à la même catastrophe, avec une plus
grande effusion de sang, et une plus grande aggra-
vation de sort pour les vaincus. Tout cela était
d'une telle évidence, que Napoléon ayant commis
envers la France la faute d'y revenir, ne voulut
pas commettre celle d'y reparaître une troisième
fois pour la ruiner complétement. Il prit donc
à ses risques et périls le parti de se rendre aux
Anglais. Il résolut de le faire avec la grandeur
qui lui convenait, et il écrivit au prince régent
la lettre suivante, que le général Gourgaud devait porter en Angleterre et remettre au prince
lui-même.

« Altesse Royale, écrivait-il, en butte aux fac-
» tions qui divisent mon pays et à l'inimitié des
» plus grandes puissances de l'Europe, j'ai ter-
» miné ma carrière politique. Je viens, comme
» Thémistocle, m'asseoir au foyer du peuple bri-

» tannique. Je me mets sous la protection de ses
» lois que je réclame de Votre Altesse Royale,
» comme celle du plus puissant, du plus constant,
» du plus généreux de mes ennemis. »

Cette lettre, en tout autre temps, eût certainement touché l'honneur anglais. Dans l'état des
haines, des terreurs que Napoléon inspirait, elle
n'était qu'un appel inutile à une magnanimité tout
à fait sourde en ce moment. Napoléon chargea
MM. de Las Cases et Gourgaud de retourner à bord
du *Bellérophon*, d'y annoncer son arrivée pour le
lendemain, et de demander passage pour le général Gourgaud, porteur de la lettre au prince
régent. Ces messieurs, arrivés à bord du *Bellérophon*, y firent éclater une véritable joie en annonçant la résolution de Napoléon, et y trouvèrent un
accueil conforme au sentiment qu'ils excitaient. On
leur promit de recevoir l'*Empereur* (car c'est ainsi
qu'on s'exprima) avec les honneurs convenables,
et de le transporter tout de suite en Angleterre,
accompagné des personnes qu'il voudrait emmener
avec lui. Un bâtiment léger fut donné au général
Gourgaud pour qu'il pût remplir sa mission auprès
du prince régent.

Le moment était venu pour Napoléon de quitter
pour jamais la terre de France. Le 15 au matin il
se disposa à partir de l'île d'Aix, et adressa au

général Beker de touchants adieux. — Général, lui dit-il, je vous remercie de vos procédés nobles et délicats. Pourquoi vous ai-je connu si tard? vous n'auriez jamais quitté ma personne. Soyez heureux, et transmettez à la France l'expression des vœux que je fais pour elle. — En terminant ces paroles, il serra le général dans ses bras avec la plus profonde émotion. Celui-ci ayant voulu l'accompagner jusqu'à bord du *Bellérophon*, Napoléon s'y opposa. — Je ne sais ce que les Anglais me réservent, lui dit-il, mais s'ils ne répondent pas à ma confiance, on prétendrait que vous m'avez livré à l'Angleterre. — Cette parole, qui prouvait qu'en se donnant aux Anglais, Napoléon ne se faisait pas beaucoup d'illusion, fut suivie de nouveaux témoignages d'affection pour le général Beker, lequel était en larmes. Il descendit ensuite au rivage au milieu des cris, des adieux douloureux de la foule, et s'embarqua avec ses compagnons d'exil dans plusieurs canots pour se rendre à bord du brick *l'Épervier*. Le capitaine Maitland l'attendait sous voile, et jusqu'au dernier moment il manifesta l'anxiété la plus vive, craignant toujours de voir s'échapper de ses mains le trophée qu'il désirait offrir à ses compatriotes. Enfin, quand il aperçut *l'Épervier* se dirigeant vers *le Bellérophon*, il ne dissimula plus sa joie, et fit mettre

son équipage sous les armes pour recevoir le grand
vaincu qui venait lui apporter sa gloire et ses
malheurs. Il descendit jusqu'au bas de l'échelle
du vaisseau pour donner la main à Napoléon, qu'il
qualifia d'*empereur*. Lorsqu'on fut monté sur le
pont, il lui présenta son état-major, comme il eût
fait envers le souverain de la France lui-même.
Napoléon répondit avec une dignité tranquille aux
politesses du capitaine Maitland, et lui dit qu'il
venait avec confiance chercher la protection des
lois britanniques. Le capitaine répéta que personne
n'aurait jamais à se repentir de s'être confié à la
généreuse Angleterre. Il établit Napoléon le mieux
qu'il put à bord du *Bellérophon*, et lui annonça la
visite prochaine de l'amiral Hotham. Bientôt en
effet cet amiral arriva sur *le Superbe*, et se présenta
à Napoléon avec les formes les plus respectueuses.
Il le pria de lui faire l'honneur de visiter *le Superbe*,
et d'y dîner. Napoléon y consentit, et fut traité à
bord du *Superbe* en véritable souverain. Après y
avoir séjourné quelques heures, il repassa sur *le
Bellérophon*, malgré le désir que lui manifesta
l'amiral de le conserver à son bord. Napoléon aurait pu trouver sur *le Superbe* un établissement plus
commode, mais il craignait d'affliger le capitaine
Maitland qui lui avait montré les plus grands em-
pressements, et qui semblait fort jaloux de le

posséder. Il resta donc sur *le Bellérophon*, et on fit voile pour l'Angleterre.

Les vents étant faibles, on eut de la peine à gagner la Manche en remontant les côtes de France. Napoléon se montrait doux et tranquille, et se promenait sans cesse sur le pont du *Bellérophon*, observant les manœuvres, adressant aux marins anglais des questions auxquelles ceux-ci répondaient avec une extrême déférence, et en lui conservant tous ses titres. Personne n'eût pu croire, ni à son calme, ni aux respects qu'il inspirait, qu'il était tombé du plus haut des trônes dans le plus profond des abîmes!

La navigation fut lente. Le 23 juillet on aperçut Ouessant de manière à distinguer parfaitement les côtes de France, et le 24 au matin on mouilla dans la rade de Torbay pour prendre les ordres de l'amiral Keith, chef des diverses croisières de l'Océan. Ces ordres ne se firent pas attendre, et *le Bellérophon* fut invité à venir jeter l'ancre dans la rade de Plymouth. A peine s'y trouvait-il que deux frégates fortement armées vinrent se ranger sur ses flancs, et le placer ainsi sous la garde de leurs canons. On vit plusieurs fonctionnaires anglais se succéder, recevoir des communications du capitaine Maitland, lui en apporter, sans que rien transpirât du sujet de leurs entretiens. L'amiral

Keith se rendit à bord du *Bellérophon* pour faire à Napoléon une visite de convenance, visite qui fut courte, et pendant laquelle il ne prononça pas un mot qui eût trait aux intentions du gouvernement britannique. Tandis que ce silence de sinistre augure régnait autour de l'illustre prisonnier, on voyait sur tous les visages qu'on avait l'habitude de rencontrer sur *le Bellérophon*, et notamment sur celui du capitaine Maitland, l'embarras de gens qui avaient une nouvelle fâcheuse à cacher, ou des promesses à retirer ; et ce qui était plus inquiétant, ces mêmes gens tout en ayant l'envie d'être aussi respectueux, n'osaient plus l'être. Survint dans le moment le général Gourgaud, annonçant qu'il n'avait pu porter au prince régent la lettre de Napoléon, et qu'il avait été obligé de la remettre à l'amiral Keith. C'étaient là autant de signes fort peu rassurants.

Napoléon en se rendant à bord du *Bellérophon* ne s'était fait illusion qu'à moitié, mais placé entre le risque de tomber dans les mains des Anglais comme prisonnier de droit, ou le risque de se confier à leur honneur, il avait préféré s'exposer au dernier, et il attendait sans regrets qu'on lui fît connaître son sort. En attendant il pouvait se faire une idée par ce qui se passait dans la rade de Torbay, de l'effet qu'il produisait encore sur le monde.

S'il n'avait été qu'un Érostrate de grande proportion, ne cherchant dans la gloire que le bruit
qu'elle produit, il aurait eu lieu d'être content.
Effectivement à peine la nouvelle de son arrivée
avait-elle pénétré dans l'intérieur, et de proche en
proche jusqu'à Londres, qu'une curiosité folle
s'était emparée de toute l'Angleterre impatiente
de voir de ses yeux le personnage fameux qui depuis vingt ans avait tant occupé la renommée. Les
Anglais avaient toujours représenté Napoléon
comme un monstre odieux qui avait dominé les
hommes par la terreur, mais la curiosité n'est pas
scrupuleuse, et tout en le détestant ils voulaient
absolument l'avoir vu. Les journaux britanniques
en célébrant sa captivité avec une joie féroce, blâ-
maient en même temps la curiosité frénétique qui
entraînait leurs compatriotes vers lui, et cherchaient
à la décourager par leur blâme. Mais ils ne réus-
sissaient ainsi qu'à l'exciter davantage, et tout ce
qu'il y avait de chevaux sur la route de Londres à
Plymouth était employé à transporter la foule des
curieux. Des milliers de canots entouraient sans
cesse *le Bellérophon*, et passaient là des heures,
s'entre-choquant les uns les autres, et s'exposant
même à de graves dangers. Chaque jour en effet il
y avait des noyés, sans que l'empressement dimi-
nuât. On savait que tous les matins Napoléon ve=

nait respirer l'air un instant sur le pont du vaisseau qui l'avait amené en Angleterre ; on attendait ce moment, et dès qu'on l'apercevait une sorte de silence régnait sur la mer, puis par un respect involontaire la foule se découvrait, sans pousser aucune acclamation ni amicale ni hostile. Les ministres anglais s'apercevant que la pitié pour le malheur, la sympathie pour la gloire, finissaient par atténuer la haine, ordonnèrent d'écarter les visiteurs, et de ne plus leur permettre de circuler autour du *Bellérophon* qu'à une distance qui décourageât leur curiosité. Ils avaient hâte d'en finir, et ils étaient résolus à ne pas laisser longtemps indécises les questions qui concernaient l'empereur Napoléon.

Ils avaient été aussi étonnés que le capitaine Maitland en voyant Napoléon se remettre lui-même entre les mains de l'Angleterre. Informés de son évasion par les nouvelles de Paris, ils avaient partagé le mécontentement de la diplomatie européenne à l'égard de M. Fouché, et ils avaient cru le grand perturbateur complétement hors d'atteinte, et toujours libre de bouleverser l'Europe à la première occasion. Leur joie égala leur surprise en apprenant que l'empereur déchu était en rade de Plymouth, sur l'un des vaisseaux de la marine royale. L'acte de confiance de Napoléon ne les toucha nullement, et provoqua même dans certains esprits la barbare pensée de le livrer à Louis XVIII, qui prendrait devant l'histoire la responsabilité d'en débarrasser la terre. Mais une aussi odieuse résolution était impossible dans un pays où toutes les grandes mesures se discutent publiquement. Cependant, en écartant toute résolution de ce genre, et en rentrant dans le droit strict, il naissait de graves difficultés relativement à la manière d'envisager la position de l'illustre fugitif. S'il eût été pris en mer, cherchant à fuir, il aurait été prisonnier de plein droit, sauf à résoudre ultérieurement la question de savoir si, la guerre étant finie, il était permis d'en détenir l'auteur. Mais avant d'aborder cette question, il s'en élevait une beaucoup plus délicate, c'était de savoir si on pouvait considérer comme prisonnier de guerre un ennemi qui s'était volontairement livré lui-même.

Les plus savants jurisconsultes d'Angleterre, consultés à cette occasion, éprouvèrent un assez grand embarras. Pourtant, en présence du repos universel toujours menacé par Napoléon, cet embarras ne pouvait être de longue durée. Notre qualité de Français conservant une sympathie toute naturelle pour le vieux compagnon de notre gloire, ne doit pas nous faire méconnaître une vérité évidente, c'est que l'Europe bouleversée pendant vingt ans, tout récemment encore arrachée à son repos et réduite à verser des torrents de sang, ne pouvait renoncer à se garantir contre les nouvelles entreprises, toujours à redouter, du plus audacieux génie. S'il eût été un souverain déchu de nature ordinaire, comme Louis XVIII, les devoirs de l'hospitalité auraient commandé de lui laisser choisir dans la libre Angleterre un lieu où il irait paisiblement terminer sa carrière. Mais laisser se promener dans les rues de Londres l'homme qui venait de s'évader de l'île d'Elbe, et d'appeler les armées de l'Europe dans le champ clos de Ligny et de Waterloo, était impossible. Si les États doivent respecter la vie d'autrui, ils ont aussi le droit de défendre la leur, et les jurisconsultes anglais eurent recours avec raison au principe de la défense légitime, qui autorise chacun à pourvoir à sa sûreté quand elle est visiblement menacée. Toutes les sociétés enchaînent les êtres reconnus dangereux, et l'Europe entière, la France comprise, ayant expérimenté outre mesure à quel point Napoléon était dangereux pour elle, avait le droit de lui enlever les moyens de nuire. Après 1814, elle lui avait ôté le trône en lui laissant l'île d'Elbe : en 1815, après l'évasion de l'île d'Elbe, elle avait le droit de lui ôter la liberté. Nier cette vérité, c'est fermer les yeux à la lumière. Mais le droit de défense légitime s'arrête au danger même, et où le danger cesse le droit cesse aussi. En détenant Napoléon, qui expierait ainsi sa terrible activité, on n'avait le droit ni de le tourmenter, ni d'abréger sa vie, ni surtout de l'humilier. Respecter son génie était un devoir absolument égal au droit de l'enchaîner. Ainsi tout ce qui ne serait pas indispensable pour prévenir une nouvelle évasion, serait une cruauté gratuite, destinée à peser éternellement sur la mémoire de ceux qui s'en rendraient coupables. Sous ce dernier rapport, les résolutions britanniques ne furent pas aussi avouables que sous le premier, et la triste fin de notre récit va prouver que l'Angleterre compromit sa gloire en ne respectant pas celle de Napoléon.

On s'occupa d'abord du lieu à désigner pour sa résidence. Désormais la Méditerranée était condamnée par l'essai qu'on en avait fait. Il fallait de toute nécessité une mer moins rapprochée. L'océan Indien était trop éloigné, car il importait à la sécurité générale qu'on pût avoir des nouvelles fréquentes du redoutable captif. D'ailleurs l'île de France, la seule qu'on pût choisir dans la mer des Indes, était trop peuplée et trop fréquentée pour qu'on songeât à en faire un lieu de détention. Il aurait fallu en effet y mettre Napoléon sous des verrous afin de pouvoir assurer sa garde, et c'eût été une indignité dont personne, même alors, n'aurait voulu se rendre coupable. Il y avait au milieu même de l'Atlantique, dans l'hémisphère sud, à égale distance des continents d'Afrique et d'Amérique, une île volcanique, d'accès difficile, dont la stérilité avait toujours repoussé les colons, et dont la solitude était telle qu'on y pouvait détenir un prisonnier, quel qu'il fût, sans l'enfermer dans les murs d'une forteresse. Cette île était celle de Sainte-Hélène, et à cause des avantages qu'elle offrait comme lieu de détention, elle avait déjà fixé l'attention des hommes d'État qui cherchaient à éloigner Napoléon des mers d'Europe. Elle fut unanimement désignée comme le lieu le plus propre à le détenir, et la Compagnie des Indes la céda à l'État pour la durée de cette détention. Le climat n'en était pas réputé insalubre; il était à peu près celui de toutes les îles intertropicales, et s'il pouvait devenir dangereux pour un habitant des zones tempérées, c'était uniquement pour celui à qui le vieux monde avait à peine suffi pour y déployer sa prodigieuse activité. Mais soyons juste, si on avait voulu trouver une prison proportionnée à cette activité, il aurait fallu lui rendre le monde, et Napoléon l'avait assez tourmenté pour qu'on eût le droit de lui en interdire l'accès pour toujours.

On adopta donc Sainte-Hélène. Il fut convenu qu'on chercherait au centre de l'île, loin de la partie habitée, un lieu assez spacieux pour que Napoléon pût s'y mouvoir à son aise, s'y promener à pied, à cheval même, sans s'apercevoir qu'il était prisonnier. Jusque-là tout était renfermé dans les limites de la nécessité; mais il ne fallait y ajouter ni les gênes inutiles, ni surtout les humiliations, qui pour l'illustre captif devaient être aussi cruelles que la captivité même. Néanmoins le cabinet britanique, obéissant aux mauvaises passions du temps, déclara que Napoléon, qu'on avait toujours qualifié du titre d'empereur, même à l'île d'Elbe, ne serait plus appelé dorénavant que le général Bonaparte. Certes ce titre était bien glorieux, et les plus grands potentats de la terre auraient pu se consoler de n'en pas avoir d'autre. Mais refuser à Napoléon le titre qu'il avait porté douze ans, que le monde entier lui avait reconnu, que l'Angleterre elle-même lui avait donné en 1806 en traitant à Paris par le ministère de lord Lauderdale, en 1814 en traitant à Châtillon par le ministère de lord Castlereagh, était une résolution dépourvue de dignité, et, comme on le verra, de véritable prudence. Dans ce siècle, où nous avons vu tant de princes passer du trône dans l'exil, de l'exil sur le trône, quiconque parlant à Louis XVIII ou à Charles X dépouillés de leur couronne, eût osé leur refuser leur titre royal, eût été accusé d'outrager d'augustes infortunes. Il est vrai que ces princes, héritiers incontestés d'une longue suite de rois, étaient les représentants de ce qu'il y a de plus respectable au monde, la possession antique et plusieurs fois séculaire. Mais le génie (au degré, bien entendu, auquel il s'était manifesté chez Napoléon) était un titre tout aussi respectable, et les souverains qui avaient puisé dans ce titre l'excuse de leur humilité devant l'empereur des Français, de leur empressement à rechercher son alliance, à mêler leur sang au sien, étaient mal placés pour en nier la valeur morale, et en ne voulant plus reconnaître chez Napoléon que la force brutale, un moment heureuse, ils autorisaient les peuples à dire qu'ils n'avaient eux-mêmes fait autre chose que céder bassement à cette force. En retirant au vaincu de Waterloo le titre d'empereur, ils ne rendaient pas Louis XVIII plus légitime ou plus solide sur son trône, au contraire ils diminuaient le prestige attaché au caractère de la souveraineté, en prouvant que c'était chose de hasard, qui se donnait ou s'ôtait selon les caprices de la fortune. On prétendra sans doute que priver Napoléon de ses titres, c'était après tout lui infliger de pures souffrances d'amour-propre, qui n'ont guère le droit d'intéresser la postérité, et sur lesquelles il eût été digne à lui de se montrer indifférent. Assurément, si l'intention de l'humilier n'avait pas été évidente, il aurait pu se consoler de n'être plus dans la langue des vivants que le général Bonaparte; mais on fait au vaincu qu'on cherche à humilier le devoir de résister à l'humiliation, et de plus, en refusant à Napoléon les qualifications sous lesquelles il avait l'habitude d'être désigné, on créait une cause de contestations incessantes, qui devait ajouter aux rigueurs de sa captivité, et faire peser sur la mémoire des ministres britanniques un reproche de persécution qui n'a pas laissé d'inquiéter leurs enfants, car lorsque les passions d'un temps sont éteintes, personne ne voudrait avoir outragé le génie.

En conséquence de ces résolutions il fut décidé que Napoléon serait qualifié du simple titre de général, et considéré comme prisonnier de guerre; qu'il serait désarmé, que les officiers de sa suite le seraient également, qu'on lui accorderait seulement trois d'entre eux pour l'accompagner, en excluant le général Lallemand et le duc de Rovigo, considérés comme dangereux; qu'on visiterait ses effets et ceux de ses compagnons, qu'on prendrait l'argent, la vaisselle, les bijoux précieux dont ils seraient porteurs, afin de les priver de tout ce qui serait de nature à faciliter une évasion ; qu'ils seraient immédiatement conduits à Sainte-Hélène, où Napoléon pourrait se mouvoir dans un espace déterminé, assez étendu pour que la promenade à cheval y fût possible, et que s'il voulait franchir cet espace, il serait suivi par un officier. Certes, nous le répétons, toutes les précautions ayant pour but d'empêcher l'illustre captif de s'évader, étaient de droit, et la juste punition des inquiétudes qu'il causait au monde ; mais lui contester le titre sous lequel la postérité le reconnaîtra, fouiller ses effets, lui compter ses compagnons d'exil, lui enlever son épée, c'étaient là d'inutiles indignités ; car que pouvaient-ils à trois, à quatre, à six ? que pouvaient-ils avec leurs épées et quelques mille louis cachés dans leurs bagages ? Ah ! ce n'était pas son épée, dont il ne s'était jamais servi, qu'il fallait demander à Napoléon, mais son génie, et puisqu'on ne pouvait le lui arracher qu'en le tuant, ce que Blucher avait voulu, ce que les ministres de la libre Angleterre n'osaient pas vouloir, ce que pas un des souverains de l'Europe n'aurait ordonné, il fallait l'enchaîner, l'enchaîner pour le repos universel, mais sans aggraver inutilement le poids de ses chaînes, sans y ajouter surtout d'inqualifiables outrages !

Il fut décidé en outre que, *le Belléraphon* étant trop vieux pour une longue traversée, Napoléon serait transféré sur *le Northumberland*, excellent vaisseau de haut bord, qu'une division composée de bâtiments de différents échantillons l'escorterait; que l'amiral Cockburn commanderait cette division, et serait chargé du premier établissement à faire à Sainte-Hélène pour y recevoir les prisonniers. On recommanda à l'amirauté de ne mettre à exécuter ces ordres que le temps absolument nécessaire pour que *le Northumberland* fût en état de prendre la mer, car on était incommodé d'avoir à Plymouth un objet de curiosité passionnée, et on était pressé d'en débarrasser l'Angleterre et l'Europe.

Ces résolutions à peine adoptées furent mandées à Plymouth, avec ordre à lord Keith d'en donner communication à celui qu'elles concernaient. Déjà le bruit en était arrivé par les journaux, et il n'avait point surpris Napoléon, qui s'attendait bien à ne pas obtenir le traitement d'un prince inoffensif. Mais ce bruit causa une vive douleur à ses compagnons d'infortune, qui se virent condamnés ou à se séparer de lui, ou à s'ensevelir tout vivants dans le tombeau de Sainte-Hélène. Lord Keith, assisté du sous-secrétaire d'État Bunbury, s'étant présenté à bord du *Belléraphon,* fit lecture à Napoléon des résolutions prises à son égard. Napoléon écouta

3.

cette lecture avec froideur et dignité, puis la lecture terminée énuméra à lord Keith, sans emportement, mais avec fermeté, les raisons qu'il avait
de protester contre les décisions du gouvernement
britannique. Il dit qu'il n'était point prisonnier de
guerre, car il s'était transporté volontairement à
bord du *Bellérophon;* qu'il n'y avait pas même été
contraint par la nécessité, car il lui eût été facile
de se jeter dans les rangs de l'armée de la Loire,
et de prolonger indéfiniment la guerre; qu'il
aurait même pu en renonçant à la prolonger, choisir
parmi ses ennemis une autre puissance que l'Angleterre pour se livrer à elle; que s'il s'était abandonné à l'empereur Alexandre, longtemps son ami
personnel, ou à l'empereur François, son beau-
père, ni l'un ni l'autre ne l'auraient traité de la
sorte; que c'était pour mettre fin aux maux de
l'humanité qu'il s'était rendu, et par estime pour
l'Angleterre qu'il était venu lui demander asile;
qu'elle ne justifiait pas en ce moment l'honneur
qu'il lui avait fait, et que la conduite qu'elle tenait
aujourd'hui envers un ennemi désarmé, n'ajouterait
guère à sa gloire dans l'avenir; qu'il protestait
donc contre l'infraction au droit des gens commise
sur sa personne, qu'il en appelait à la nation anglaise elle-même des actes de son gouvernement,
et surtout à l'histoire qui jugerait sévèrement des

procédés aussi peu généreux. Napoléon dédaigna
de s'occuper des points relatifs à son futur séjour,
aux traitements qu'il y recevrait, et quitta lord
Keith avec la fierté qui convenait à sa grandeur,
laquelle ne dépendait ni des caprices de la fortune,
ni de la violence de ses ennemis.

Il fut profondément sensible néanmoins aux indignes détails ajoutés à cet arrêt de détention per-
pétuelle prononcé contre lui. Il était trop clairvoyant
pour ne pas reconnaître que cette détention était
pour l'Europe un droit et une nécessité, mais il
sentit vivement les humiliations gratuites par lesquelles on aggravait sa captivité, comme de songer
à lui ôter son épée, son titre souverain et quelques
débris de son naufrage. Il n'en dit rien, mais il résolut de ne point se prêter aux indignes traitements
qu'on voudrait lui infliger, dût-il être amené ainsi
aux dernières extrémités. Son premier projet avait
été de prendre un de ces noms d'emprunt que les
princes adoptent quelquefois pour simplifier leurs
relations. Ainsi il avait eu l'idée de prendre le titre
de colonel Muiron, en mémoire d'un brave officier
tué au pont d'Arcole en le couvrant de son corps.
Mais dès qu'on lui contestait le titre que la France
lui avait donné, que l'Europe lui avait reconnu,
que sa gloire avait légitimé, il ne voulait point
faciliter à ses ennemis la tâche de l'humilier, ni

laisser infirmer de son consentement le droit que
la France avait eu de le choisir pour chef. Il persista à se qualifier d'empereur Napoléon. Quant à
son épée, il était déterminé à la passer au travers
du corps de celui qui tenterait de la lui enlever.

Lorsqu'il revit ses compagnons d'infortune après
ces communications, il leur parla avec calme, et les
pressa instamment de consulter avant tout leurs
intérêts de famille et leurs affections dans le parti
qu'ils avaient à prendre. Il les trouva tous décidés
à le suivre partout où on le transporterait, et aux
conditions qu'y mettrait la haine ombrageuse des
vainqueurs de Waterloo. Il regretta beaucoup
l'exclusion prononcée contre les généraux Lallemand et Savary, mais il n'y avait point à disputer.
Il désigna le grand maréchal Bertrand, le comte
de Montholon et le général Gourgaud. Ces désigna-
tions avaient épuisé son droit de choisir ses compagnons de captivité limités à trois. Il était entendu
que les femmes avec leurs enfants ne feraient pas
nombre, qu'elles pourraient accompagner leurs
maris, et accroître ainsi la petite colonie qui allait
suivre Napoléon dans son exil. Cependant, parmi
les personnages venus avec lui en Angleterre s'en
trouvait un auquel il tenait, bien qu'il le connût
depuis peu de temps, c'était le comte de Las
Cases, homme instruit, de conversation agréable,

sachant bien l'anglais, ayant été jadis officier de marine et pouvant être fort utile au delà des mers. Napoléon désirait beaucoup l'emmener à Sainte-Hélène, et lui était prêt à suivre Napoléon en tous lieux. On profita de ce que les ordres britanniques en limitant le nombre des compagnons d'exil de Napoléon, n'avaient parlé que des militaires, pour admettre M. de Las Cases à titre d'employé civil. On accorda en outre un médecin et douze domestiques. Ces détails une fois réglés, on disposa tout pour le départ le plus prochain.

Dès que *le Northumberland,* équipé fort à la hâte, put mettre à la voile, on le dirigea sur la rade de Start-Point où *le Bellérophon* l'attendait, exposé sur ses ancres à un très-mauvais temps. Lord Keith, qui s'appliqua constamment à tempérer dans l'exécution la rigueur des ordres ministériels, avait réservé pour le moment du départ d'Europe l'accomplissement des mesures les plus pénibles, telles que le désarmement des personnes et la visite de leurs bagages. On demanda leur épée à ceux qui en portaient, et un agent des douanes visita leurs effets, prit en dépôt leur argent, et en général tous les objets de quelque valeur. Le fidèle Marchand, valet de chambre de Napoléon, qui par sa bonne éducation, son dévouement simple et modeste, lui rendit depuis tant de services, avait pris d'adroites précautions pour lui conserver quelques ressources. Il ne restait à l'ancien maître du monde que les quatre millions secrètement déposés chez M. Laffitte, environ 350,000 francs en or, et le collier de diamants que la reine Hortense l'avait forcé d'accepter. Le collier fut confié à M. de Las Cases, qui l'enferma dans une ceinture. Les 350,000 francs furent répartis entre les domestiques, et cachés sous leurs habits, sauf la somme de 80,000 francs, qui fut seule laissée en évidence, et prise en dépôt par l'agent des douanes. Comme l'indignité des procédés ne fut pas poussée jusqu'à visiter les personnes, les objets cachés ne furent point découverts. Les autres furent inventoriés pour être remis aux prisonniers au fur et à mesure de leurs besoins. Ces tristes formalités accomplies, on transborda les prisonniers dans les canots de la flotte, et le capitaine Maitland s'approchant avec respect, fit à Napoléon des adieux qui le touchèrent. Bien que dans son désir de l'amener à bord du *Bellérophon* le capitaine Maitland eût promis peut-être plus qu'il n'espérait, il n'avait été ni l'auteur ni le complice d'une perfidie, et il regrettait sincèrement le traitement auquel était destiné l'illustre prisonnier. Napoléon ne lui fit aucun reproche, et le chargea même de ses remercîments pour l'équipage du *Bellérophon*. Au moment de passer d'un vaisseau à l'autre, l'amiral Keith, avec un chagrin visible et le ton le plus respectueux, lui adressa ces paroles : *Général, l'Angleterre m'ordonne de vous demander votre épée.* — A ces mots Napoléon répondit par un regard qui indiquait à quelles extrémités il faudrait descendre pour le désarmer. Lord Keith n'insista point, et Napoléon conserva sa glorieuse épée. C'était le moment de se séparer de ceux qui n'avaient pas obtenu l'honneur de l'accompagner. Savary, Lallemand se jetèrent dans ses bras, et eurent la plus grande peine à s'en arracher. Napoléon après avoir reçu leurs embrassements, leur dit ces paroles : Soyez heureux, mes amis... Nous ne nous reverrons plus, mais ma pensée ne vous quittera point, ni vous ni tous ceux qui m'ont servi. Dites à la France que je fais des vœux pour elle... — Il descendit ensuite dans le canot amiral qui devait le conduire à bord du *Northumberland*, où il arriva escorté de l'amiral Keith. L'amiral Cockburn entouré de son état-major, et ayant ses troupes sous les armes, le reçut avec tous les honneurs dus à un général en chef. Là comme ailleurs, Napoléon, à qui il ne restait que sa gloire, put jouir de l'éclat qu'elle répandait autour de lui. Ces marins, ces soldats ne s'occupant d'aucun des grands dignitaires de leur nation, le cherchaient des yeux, le dévoraient de leurs regards. Ils lui présentèrent les armes, et il les salua avec une dignité tranquille et affectueuse. Une fois la translation d'un bord à l'autre terminée, l'amiral ne perdit pas un instant pour lever l'ancre, car la rade n'était pas sûre, et il avait l'ordre de hâter son départ. *Le Northumberland* mit immédiatement à la voile, le 8 août 1815, suivi de la frégate *la Havane*, et de plusieurs corvettes et bricks chargés de troupes. Cette division se dirigea vers le golfe de Gascogne pour venir doubler le cap Finistère, et descendre ensuite au sud, le long des côtes d'Afrique. Napoléon en sortant de la Manche aperçut les côtes de France à travers la brume, et les salua avec une vive émotion, convaincu qu'il était de les voir pour la dernière fois.

Le moment du départ est un moment de trouble qui étourdit le cœur et l'esprit, et ne leur permet pas de sentir dans toute leur amertume les séparations les plus cruelles. C'est lorsque le calme est revenu, et qu'on est seul, que la douleur devient poignante, et qu'on apprécie complétement ce qu'on a perdu, ce qu'on quitte, ce qu'on ne reverra peut-être plus. Une tristesse muette et profonde régna parmi le petit nombre d'exilés que la volonté de l'Europe poussait en cet instant vers un autre hémisphère. Sans afficher une indifférence affectée, Napoléon se montra calme, poli, sensible aux égards de l'amiral Cockburn, qui dans la limite de ses instructions était disposé à adoucir autant que possible la captivité de son glorieux prisonnier. L'amiral Georges Cockburn était un vieux marin, grand, sec, absolu, susceptible, jaloux à l'excès de son autorité, mais sous ces dehors déplaisants cachant une véritable bonté de cœur, et incapable d'ajouter à la rigueur des ordres de son gouvernement. Il avait établi Napoléon sur son vaisseau le mieux qu'il avait pu, et tâché de lui rendre les coutumes anglaises supportables. Ayant défense de le traiter en empereur, il lui donnait le titre d'*Excellence*, mais en corrigeant par la forme ce que ce changement pouvait avoir de blessant. Napoléon avait à la table de l'amiral la place du commandant en chef; ses compagnons étaient répartis à ses côtés, suivant leur rang. Les officiers de l'escadre invités tour à tour, lui étaient présentés successivement. Napoléon les accueillait avec bienveillance, leur adressait des questions relatives à leur état, en se servant de M. de Las Cases pour interprète, ne montrait ni admiration ni dédain pour ce qu'il voyait, avait soin de louer ce qui était louable dans la tenue des vaisseaux anglais, et demeurait en tout simple, vrai et tranquille. Une seule chose lui avait paru tout à fait incommode, et il ne l'avait pas dissimulé, c'était la longueur des repas anglais.

Lui qui dans son ardente activité n'avait jamais pu, quand il était seul, demeurer plus de quelques instants à table, ne pouvait se résigner à y passer des heures avec les Anglais. L'amiral ne tarda point à comprendre qu'il fallait faire céder les coutumes nationales devant un tel hôte, et le service fini il se levait avec son état-major, assistait debout à la sortie de Napoléon, lui offrait la main si le pont du vaisseau était agité par les flots, et venait ensuite reprendre la vie anglaise avec ses officiers.

Napoléon se promenait alors sur le pont du *Northumberland*, quelquefois seul, quelquefois accompagné de Bertrand, Montholon, Gourgaud, Las Cases, tantôt se taisant, tantôt épanchant les sentiments qui remplissaient son âme. S'il était peu disposé à parler, il allait, après s'être promené quelque temps, s'asseoir à l'avant du bâtiment, sur un canon que tout l'équipage appela bientôt *le canon de l'Empereur*. Là il considérait la mer azurée des tropiques, et se regardait marcher vers la tombe où devait s'ensevelir sa merveilleuse destinée, comme un astre qu'il aurait vu coucher. Il n'avait aucun doute, en effet, sur l'avenir qui lui était réservé, et se disait que là-bas, vers ce sud où tendait son vaisseau, il trouverait non pas une relâche passagère, mais la mort après une agonie plus ou moins prolongée. Devenu pour ainsi dire

spectateur de sa propre vie, il en contemplait les
phases diverses avec une sorte d'étonnement, tour
à tour s'accusant, s'absolvant, s'apitoyant sur lui-
même, comme il aurait fait à l'égard d'un autre,
toujours confiant dans l'immensité de sa gloire, et
toujours persuadé que dans les vastes horizons de
l'histoire du monde, il n'y avait presque rien d'égal
à la bizarre grandeur de sa destinée! De ces longues rêveries il sortait rarement amer ou irrité,
mais souvent poussé par le spectacle saisissant de
sa vie à en raconter les circonstances les plus frap-
pantes. Il rejoignait alors ses compagnons d'infortune, s'adressait à celui dont le visage répondait le
plus à son impression du moment, et se mettait à
faire le récit, toujours avidement écouté, de telle
ou telle de ses actions. Chose singulière et pourtant explicable, c'étaient les deux extrémités de sa
carrière qui revenaient en ce moment à son esprit!
Ou il parlait du dernier événement, qui retentis-
sait dans son âme comme un son violent dont les
vibrations n'avaient pas encore cessé, c'est-à-dire
de Waterloo, ou bien il reportait son esprit vers
ses glorieux débuts en Italie, débuts qui avaient
enchanté sa jeunesse, et lui avaient pronostiqué un
si grand avenir. S'il cédait à ses impressions les plus
récentes et parlait de Waterloo, c'était pour se
demander ce qui avait pu égarer certains de ses

lieutenants dans cette journée fatale, et leur inspirer une si étrange conduite! — Ney, d'Erlon, Grouchy, s'écriait-il, à quoi songiez-vous?—Alors, sans récriminer, sans chercher à jeter ses fautes sur autrui, il se demandait comment Ney avait pu sans ordre, et deux heures trop tôt, essayer de frapper le coup décisif en lançant sa cavalerie, et il n'en trouvait d'autre explication que le trouble qui s'était emparé de cette âme héroïque. Quant à d'Erlon, si excellent officier d'infanterie, il ne s'expliquait guère sa manière de disposer ses divisions dans cette journée, et du reste ne mettait en doute ni son courage, ni son dévouement, ni ses talents. Il déplorait ces erreurs sans se plaindre, et s'il devenait un peu plus sévère, c'était pour Grouchy, car les fautes de Ney et de d'Erlon n'étaient pas, disait-il, irréparables, tandis que celle de Grouchy avait été mortelle. Ne contestant ni sa fidélité ni son courage qui ne pouvaient être contestés, il déclarait inexplicable son absence de Waterloo, et ne sachant pas ce que nous avons su depuis, il s'épuisait à en chercher les motifs sans les découvrir. Il s'en prenait alors à la fatalité, dieu silencieux que les hommes accusent volontiers parce qu'il ne répond point; mais en descendant au fond de lui-même, il voyait bien que cette fatalité n'était autre, après tout, que la force des choses réagissant contre les violences qu'il avait voulu lui faire subir. Il semblait du reste sincèrement persuadé que, les Anglais vaincus à Waterloo, l'Europe aurait ressenti une profonde émotion, que, bien qu'elle parût implacable, elle aurait probablement fait d'utiles réflexions; qu'en tout cas, sous l'influence du succès, les ressources qu'il avait préparées auraient suffi pour repousser à leur tour les Russes et les Autrichiens, et, ne méconnaissant ni la gravité de la situation, ni l'épuisement de la France, ni l'acharnement de l'Europe, il répétait avec douleur que sans la faute d'un homme la cause nationale aurait pu triompher!

Pourtant il ne revenait pas volontiers sur ce sujet, et lorsqu'il y était amené, c'était sous l'empire d'impressions trop récentes, trop fortes pour être dominées, comme un homme qui tombé dans un précipice, ne peut s'empêcher de rechercher le faux pas qui l'y a conduit. Il revenait plus volontiers sur ses jeunes années, sur son éducation à Brienne, sur les signes de génie militaire déjà donnés au siége de Toulon, sur les jouissances que lui avaient fait éprouver ses premiers succès! Il s'animait alors, et contait avec un charme et un éclat qui ravissaient ceux qui l'écoutaient, l'ancienne origine de sa famille qui remontait aux républiques d'Italie, sa préférence instinctive pour la France quand la Corse était disputée entre plusieurs maîtres, son entrée au collége de Brienne, son goût pour l'étude, sa logique naissante qui étonnait dans un enfant de son âge, sa taciturnité, son orgueil qui lui avait rendu insupportable la seule punition qu'il eût encourue à l'école, son avenir plus d'une fois entrevu par quelques-uns de ses maîtres, son entrée au régiment, ses relations à Valence, ses premières affections pour une jeune dame qu'il avait retrouvée plus tard, et qu'il avait eu la satisfaction de tirer d'une situation pénible, son arrivée devant Toulon, et là le commencement des jouissances de la gloire, lorsque entouré de conventionnels violents, de généraux ignorants, il avait saisi d'un coup d'œil le vrai point d'attaque, le fort de l'Éguillette, obtenu la permission de l'enlever, et décidé par cette manœuvre la retraite des Anglais! Que de présages heureux alors! que de rêves enivrants, et cependant mille fois surpassés par la réalité! Ainsi, après avoir consacré ses matinées à la lecture, il finissait ses journées sur le pont du *Northumberland*, tantôt le parcourant à grands pas, tantôt captivant par ses récits ceux qui avaient voulu partager son infortune, ou bien couché sur son canon de prédilection, regardant le sillage du vaisseau qui le portait vers sa dernière demeure.

Tandis que le temps s'écoulait de la sorte, on avait traversé le golfe de Gascogne, doublé les caps Finistère et Saint-Vincent, et pris la direction des îles africaines, par un vent favorable mais faible. La navigation était lente, la chaleur extrême. Napoléon en souffrait sans se plaindre. Le 23 août, on atteignit Madère, et on voulut s'y arrêter pour y prendre des vivres frais. Mais tout à coup une violente bourrasque de vent d'Afrique obligea de mettre à la voile, pour ne pas essuyer la tourmente sur ses ancres. Elle fut telle que la frégate *la Havane* et le brick *le Furet* furent séparés de la division, et contraints de naviguer pour leur compte. Après quarante-huit heures, on revint mouiller à Madère, et embarquer les rafraîchissements dont on avait besoin. Les habitants maltraités par la dernière bourrasque, et superstitieux comme des Portugais, attribuaient à la présence de Napoléon le dommage qu'ils avaient souffert. C'était, disaient-ils, l'homme des tempêtes, qui ne pouvait apparaître quelque part sans y apporter la désolation. Le 29 août on traversa les tropiques. Le 23 septembre on atteignit l'équateur, et il est inutile de dire que Napoléon fut seul excepté des usages auxquels les marins soumettent tous ceux qui passent la ligne pour la première fois. Il les en dédommagea en leur faisant distribuer 500 louis, ce qui porta leur joie jusqu'au délire. Les matelots du *Northumberland* qui ne le connaissaient que par les récits de la presse anglaise, laquelle s'était appliquée pendant quinze ans à le représenter comme un monstre, éprouvaient en le voyant paisible, doux, bienveillant, une surprise croissante, et avec leur naïve pénétration devinant son chagrin contenu mais visible, lui donnaient mille preuves touchantes de sympathie. Ils mettaient un grand soin à tenir propre le canon sur lequel il avait coutume de s'asseoir, et dès qu'il s'en approchait ils s'éloignaient par respect pour sa solitude et ses pensées.

Napoléon avait continué à raconter les premiers temps de sa vie, sa proscription après le 9 thermidor, ses relations avec les chefs du Directoire, les explications qu'il leur donnait chaque jour en leur remettant les dépêches arrivées des armées, l'opinion qu'il leur avait inspirée de son intelligence de la guerre, l'espèce d'entraînement qui les avait portés tous à lui décerner le commandement de Paris dans la journée de vendémiaire, puis quelques mois après le commandement de l'armée d'Italie, son apparition à Nice au milieu de vieux généraux jaloux de son élévation, mais bientôt subjugués lorsqu'ils l'avaient vu se placer par un prodige d'habileté entre les Piémontais et les Autrichiens, jeter les uns sur Turin, les autres sur Gênes, franchir le Pô, et s'établir sur l'Adige, où pendant une année entière il était resté invincible pour les armées de l'Autriche! Il revivait, il avait vingt-six ans, et retrouvait toute la flamme de la jeunesse en faisant lui-même ces récits enivrants. Et, chose singulière! s'il avait un véritable plaisir à raconter de vive voix ses merveilleuses actions, à se procurer ainsi une sorte de mirage qui faisait reluire à ses propres yeux les temps de sa jeunesse, il n'éprouvait aucun penchant à les écrire, bien différent en cela de ce qu'il avait paru disposé à faire lors de son départ pour l'île d'Elbe. A cette époque, au moment de quitter Fontainebleau, l'idée d'écrire son histoire, à l'exemple de tant d'autres grands hommes, lui avait apparu tout à coup comme un dernier but qui n'était pas indigne de lui. Maintenant au contraire, ni sa gloire ni celle de ses compagnons d'armes ne semblait l'intéresser. C'est qu'il était bien changé depuis l'île d'Elbe, bien descendu dans l'abîme où devait s'enfoncer et finir sa grande destinée! A l'île d'Elbe l'atteinte du malheur était nouvelle pour lui, elle l'excitait sans l'abattre, car à son insu et au fond de son âme se cachait une dernière espérance. Mais après cette apparition du 20 mars, après Waterloo, quel avenir pouvait-il rêver encore?... Parvint-il à rompre la lourde chaîne dont les Anglais avaient chargé ses mains, à traverser sain et sauf le vaste Océan, où pourrait-il descendre, seul, sans même une poignée de braves pour l'aider à mettre pied à terre? Et la France, qui l'avait accueilli alors, voudrait-elle se prêter à un troisième essai, quand le second avait été si désastreux? L'âme humaine se défend longtemps avant de déposer toute espérance, et il n'y a presque pas d'exemple dans l'histoire d'une grande âme dans laquelle l'espérance se soit complétement éteinte. Marius sur les ruines de Carthage, Pompée après Pharsale, Annibal après Zama, espéraient encore, et avaient des motifs d'espérer. Mais après Waterloo, Napoléon pouvait-il attendre quelque chose encore de la fortune? Aussi jamais découragement n'égala le sien, et s'il cachait le néant de sa vie à ses fidèles serviteurs, il le sentait profondément, et dans cet état il était incapable du travail qu'exige une grande composition. Il pouvait bien raconter son histoire de vive voix, lorsque excité par la vivacité de ses souvenirs il n'avait qu'à céder à son éloquence naturelle, mais la composer, la préciser, l'écrire enfin, était un effort dont il n'avait ni le courage ni même le goût. Renonçant pour jamais à figurer sur la scène du monde, il semblait qu'il fût indifférent à la manière de figurer devant la postérité. Souvent ses compagnons d'exil, transportés après l'avoir entendu, le pressaient d'écrire ce qu'il venait de dire avec tant de puissance et de chaleur. Gourgaud, Las Cases, Montholon, Bertrand, le suppliaient de prendre la plume, lui offraient de la tenir eux-mêmes au besoin, d'écrire sous sa brûlante dictée presque aussi vite qu'il parlerait, et de donner ainsi à la fin de sa vie ce noble et dernier emploi : il résistait comme si sa gloire même n'eût pas mérité un effort. — Que la postérité, disait-il, s'en tire comme elle pourra. Qu'elle recherche la vérité si elle veut la connaître. Les archives de l'État en sont pleines. La France y trouvera les monuments de sa gloire, et si elle en est jalouse, qu'elle s'occupe elle-même à les préserver de l'oubli... — Puis, dans son âme engourdie, une flamme d'orgueil jaillissant tout à coup, J'ai confiance dans l'histoire! s'écriait Napoléon; j'ai eu de nombreux flatteurs, et le moment présent appartient aux détracteurs acharnés. Mais la gloire des hommes célèbres est, comme leur vie, exposée à des fortunes diverses. Il viendra un jour où le seul amour de la vérité animera des écrivains impartiaux. Dans ma carrière on relèvera des fautes sans doute, mais Arcole, Rivoli, les Pyramides, Marengo, Austerlitz, Iéna, Friedland, *c'est du granit, la dent de l'envie n'y peut rien!...* — Napoléon affichait ainsi une immense confiance dans l'histoire, même au sein de ce profond mais tranquille désespoir qui constituait l'état actuel de son âme. Pourtant on lui disait que l'histoire il fallait l'éclairer, que lui seul le pouvait, qu'autrement une partie de ses grandes pensées s'évanouirait, que ce serait là un noble et utile aliment à sa puissante activité, et qu'au surplus ils l'aideraient tous à élever ce beau monument. Peu à peu, à force d'entendre les mêmes exhortations, et surtout à force de découragement, il avait fini par reprendre goût à quelque chose, car l'âme humaine ou quitte cette terre, ou si elle y demeure finit par s'attacher à quelque objet, et peut parfois trouver un dernier plaisir à arroser des plantes ou à régler des horloges, comme Dioclétien ou Charles-Quint. Napoléon consentit donc à entreprendre enfin cette tâche qu'il s'était proposée en partant pour l'île d'Elbe. Ne pouvant dominer la fougue de son esprit jusqu'à l'obliger à suivre les mouvements trop lents de sa main, il était incapable d'écrire, ou bien il traçait des caractères illisibles. Il se mit donc à dicter en débutant par les campagnes d'Italie, pour lesquelles il eut recours à la plume de M. de Las Cases. Son projet était de distribuer les diverses parties de son histoire entre ses compagnons d'exil, pour que tous participassent à l'honneur de ce travail, et eussent le temps de le revoir, et de le mettre au net. Cependant, oppressé par les souvenirs de Waterloo, et comme pour en soulager son cœur, il résolut de dicter au général Gourgaud le récit de la campagne de 1815, et il commença immédiatement cette partie de sa tâche. Le temps ne lui manquait pas, car la navigation s'était allongée par les efforts mêmes de l'amiral pour l'abréger. A cette époque, dans l'état de l'art nautique, une fois l'équateur franchi, on se laissait porter par les vents alizés jusque dans le voisinage des côtes du Brésil, puis descendant au sud on tâchait de rencontrer des vents variables d'ouest pour revenir sur Sainte-Hélène. L'amiral Cockburn pressé d'arriver, pour son hôte encore plus que pour lui-même, avait imaginé de suivre une autre route. En se tenant près des côtes d'Afrique, et en s'engageant dans le rentrant du golfe de Guinée, on trouve quelquefois des vents variables d'ouest qui portent vers l'Afrique, après quoi retrouvant les vents d'est, on est poussé vent arrière sur Sainte-Hélène. L'amiral avait donc adopté cette direction. Elle ne lui avait d'abord que trop bien réussi, car il s'était enfoncé dans le golfe de Guinée jusqu'à toucher presque au Congo. Il y avait essuyé des

4.

orages, une chaleur suffocante, et des lenteurs qui faisaient même murmurer son équipage. Napoléon, qui n'avait pas grand intérêt à voir finir cette navigation, car pour lui arriver c'était passer d'une prison dans une autre, employait le temps à dicter. Ses matinées s'écoulaient avec M. de Las Cases ou avec le général Gourgaud, auxquels il dictait tantôt le récit des campagnes d'Italie, tantôt celui de la campagne de 1815. Ces messieurs n'osant l'interrompre, suivaient sa parole le mieux qu'ils pouvaient, et puis se retiraient pour recopier en caractères lisibles des dictées saisies pour ainsi dire au vol. Ils les soumettaient le lendemain à Napoléon, qui les revoyait attentivement, tantôt abrégeant ce qui était trop étendu, tantôt développant ce qui était trop sommairement exposé, et mettant un grand soin à veiller à la correction du langage, à laquelle il était devenu extrêmement sensible en avançant en âge. Une chose seule le contrariait dans la suite de son travail, c'était le défaut de documents auxquels il pût se reporter soit pour les dates, soit pour certains détails. Comme tous ceux qui ont beaucoup agi, et qui ont beaucoup à retenir, il se trompait quelquefois sur la date des faits, et les intervertissait, du reste rarement. Mais sur le caractère des événements, sur leur importance, sur les lieux, sur les hommes, sa mémoire était infaillible, et il les retraçait avec une vérité saisissante. Il regrettait aussi de n'avoir pas ses ordres, ses lettres surtout, qui jettent un si grand jour sur ses opérations, sur leurs motifs, et qui permettent de retrouver sa pensée, lui mort, comme s'il vivait encore. La privation de ces divers documents le dépitait parfois, sans le détourner néanmoins d'un travail qui était devenu son unique ressource. Il ne s'en reposait qu'en se livrant à des lectures, dont les grandes productions de l'esprit humain étaient l'objet exclusif. Marchand avait eu soin d'emporter sa bibliothèque de campagne, qui était malheureusement fort restreinte. Un jour, tandis qu'il exprimait le regret de n'avoir pas une bibliothèque mieux fournie, on aperçut un vaisseau de commerce qui s'approchait du *Northumberland*. M. de Las Cases se souvint alors de la précaution qu'il avait prise d'expédier une caisse de livres pour le Cap. — C'est peut-être, dit-il à Napoléon, le bâtiment qui porte mes livres. — C'était ce bâtiment en effet, et la caisse recueillie au passage, remise à bord, ouverte immédiatement, causa à l'illustre captif, qui ne pouvait plus avoir que des jouissances d'esprit, l'une de ces petites satisfactions qui allaient composer désormais tout son bonheur.

Il y avait près de soixante-dix jours qu'on avait

quitté les côtes d'Angleterre, et ayant enfin rencontré les vents du sud-est qui soufflent du Cap, on fut porté vent arrière sur Sainte-Hélène. Le 15 octobre, à la pointe du jour, à une distance de douze lieues en mer, on aperçut un pic tout entouré de nuages : c'était le pic de Diane qui domine l'île de Sainte-Hélène. Napoléon était enfin arrivé aux portes de sa prison. A midi à peu près on jeta l'ancre dans la petite rade de *James-Town*, et on aperçut une côte triste, sombre, hérissée de rochers, qui eux-mêmes étaient hérissés de canons. La frégate *la Havane* et le brick *le Furet*, séparés de la division à Madère, avaient devancé de dix-sept jours le vaisseau amiral. Ils avaient annoncé la prochaine arrivée des prisonniers, transmis les ordres de Londres, débarqué une partie des troupes, et l'île, d'aspect ordinairement pacifique, avait pris tout à coup un aspect de guerre à l'approche de l'homme de la guerre, qu'elle était destinée à renfermer et à consumer sous son ciel dévorant.

L'île de Sainte-Hélène est le résultat d'une éruption volcanique qui a jailli au milieu de l'océan Atlantique, dans l'hémisphère sud, un peu avant le tropique du Capricorne. L'île, ayant de neuf à dix lieues de circonférence, entourée partout de côtes inaccessibles, s'annonce par des rochers

saillants, arides, portant au ciel leurs têtes noirâtres, et dominés par le pic de Diane qui les sur-
passe tous. Au sein de ces vastes plaines de l'O-
céan, Sainte-Hélène offrant aux vapeurs le seul
point qui puisse les arrêter, les fixe autour d'elle,
et se montre constamment au sein des brouillards.
Le volcan père de cette île a eu son cratère
tourné au nord, et ce cratère, situé au pied même
du pic de Diane, se présente refroidi mais béant
au voyageur arrivant d'Europe. Plusieurs vallées
s'en détachent, étroites, longues, parallèles, abou-
tissant à la mer comme des ruisseaux destinés
jadis à y porter la lave, et formant de petites cri-
ques, dont une, un peu plus spacieuse que les
autres, constitue le port de James-Town, le seul
abordable de l'île. Sur le revers sud s'étendent
des plateaux, séparés entre eux par des ravins
profonds, taillés à pic le long de la mer, par conséquent inaccessibles, et exposés au vent du sud-
est qui souffle du Cap. Aussi tandis que dans les
étroites vallées du nord il coule un peu d'eau,
venant des nuages que le pic de Diane attire à lui,
tandis qu'il s'y développe un peu de verdure, qu'il
y règne un peu de fraîcheur, sur le revers opposé
les plateaux tournés vers le sud sont incessamment
balayés par un vent chaud et sec, dépourvus d'eau
et de gazon, à peine recouverts d'une maigre vé-

gétation toujours penchée sous la constance du vent, et ne donnant presque pas d'ombre sous un ciel où il en faudrait beaucoup. Telle est Sainte-Hélène, chaude, venteuse et sèche sur les plateaux inclinés au sud, un peu moins aride dans les vallées dirigées vers le nord, triste partout, point malsaine pour le corps habitué à y vivre, mais mortelle pour l'âme qui a vécu au milieu des grands spectacles du monde civilisé. Sur ce rocher stérile, situé à une immense distance des divers continents, des colons n'auraient pas eu beaucoup à faire, et en effet il ne s'en est guère établi à Sainte-Hélène. Pourtant comme les bâtiments venant des Indes y sont portés par le vent du Cap, et qu'après une longue traversée le navigateur aime à poser le pied sur un sol ferme, à respirer l'air de terre, à voir la verdure, à savourer quelques fruits, à goûter quelques aliments frais, les convois de la Compagnie des Indes s'y arrêtent volontiers, comme dans une hôtellerie placée pour eux au milieu de l'Océan. Aussi parmi les quatre mille habitants de Sainte-Hélène, dont trois mille occupent le petit port de James-Town, ne s'est-il développé qu'une industrie, consistant à nourrir un peu de bétail apporté du Cap, à cultiver quelques légumes et quelques fruits, et n'y a-t-il qu'une joie dans l'année, c'est celle qui éclate lorsque les convois de l'extrême Orient revenant en Europe s'y arrêtent un instant pour s'y reposer, s'y rafraîchir, plaisir qu'ils payent d'un peu de l'argent gagné en Asie.

Tel est le lieu où Napoléon devait terminer sa vie. C'est toujours pour les navigateurs, d'où qu'ils viennent, où qu'ils aillent, une joie d'arriver. Pour la première fois peut-être ce sentiment ne fut point éprouvé à bord du *Northumberland*, du moins parmi les illustres passagers qu'il venait de transporter. Leur sentiment fut celui de prisonniers apercevant la porte de la prison qui va se refermer à jamais sur eux. La population de l'île était tout entière sur le quai, et aurait composé une foule si son nombre l'avait permis. Napoléon monta sur le pont et regarda tristement ce séjour abrupte, noirâtre, où il allait s'ensevelir tout vivant. Il n'exprima aucun désir, et laissa le soin à l'amiral de prononcer sur l'instant de sa mise à terre, et sur le lieu où il devait séjourner provisoirement. L'amiral se hâta de quitter son vaisseau pour aller chercher un pied-à-terre où Napoléon pût prendre gîte, en attendant qu'on eût préparé son établissement définitif. L'amiral employa deux journées à cette recherche, et vint en s'excusant de ce retard annoncer à Napoléon la découverte d'une maison petite mais suffisante, dans laquelle il pourrait jouir immédiatement du plaisir d'être à terre. Le 17 octobre Napoléon quitta *le Northumberland*, fort regretté de l'équipage, qu'il remercia des soins dont il avait été l'objet. Arrivé à la petite maison que l'amiral lui avait choisie, il la trouva tellement exposée aux regards des habitants qu'il jugea impossible d'y rester plus d'une ou deux journées. L'amiral lui promit de s'occuper dès le lendemain d'en chercher une mieux placée, et dans laquelle il serait garanti des regards des curieux.

Il existait une habitation dans laquelle Napoléon aurait été convenablement établi, c'était celle de *Plantation-House*, joli château destiné au gouverneur de l'île, situé dans une vallée fraîche et ombragée, parce qu'elle s'ouvrait au nord, et joignant à l'avantage du site celui d'une construction élégante et suffisamment vaste. Avec le moindre respect des convenances, c'est celle qu'on aurait dû choisir, mais par un sentiment d'inexplicable mesquinerie, en prêtant l'île de Sainte-Hélène à l'État, la Compagnie des Indes avait fait réserve du château du gouverneur, et par une insouciance plus inqualifiable encore, lord Bathurst n'avait pas songé à exiger d'elle ce sacrifice. Par ces motifs, Plantation-House, où Napoléon aurait trouvé tout de suite une retraite saine et décente, avait été exclu des choix qu'on aurait pu faire. Il restait sur l'un des plateaux du sud, celui de *Longwood*, une ferme de la Compagnie, servant de résidence au sous-gouverneur, et qui pouvait, moyennant qu'on y ajoutât quelques constructions, recevoir une vingtaine de maîtres et de domestiques. Le plateau de Longwood était assez étendu pour la promenade à pied et à cheval, couvert en partie d'un bois de gommiers, mais malheureusement tourné au sud-est, et exposé au vent du Cap. C'était là un inconvénient qui devait être infiniment sensible avec le temps, mais au premier aspect, ce plateau n'avait rien de désagréable. Il présentait un campement commode et sain pour les troupes destinées à veiller sur la demeure de Napoléon, et enfin les côtes qui le terminaient vers la mer étaient à peu près inaccessibles. C'étaient là pour l'amiral de suffisantes raisons de préférence; aussi le proposa-t-il à Napoléon en lui offrant d'aller y faire une course à cheval, pour qu'il pût juger si le lieu lui convenait. Napoléon accepta cette proposition, se rendit le lendemain à Longwood en compagnie de l'amiral, et y trouvant, après plusieurs mois de mer, un peu de terre et de verdure, et surtout une solitude où les regards des curieux ne pourraient le découvrir, agréa cet emplacement, et consentit à ce qu'on entreprît les travaux qui pouvaient le rendre habitable.

5

En remontant de James-Town jusqu'au pic de Diane pour se rendre à Longwood, Napoléon avait remarqué dans cette vallée assez fraîche un petit pavillon qui lui avait plu. Au retour de Longwood il le visita, et exprima le désir de s'y établir temporairement. Le propriétaire était un négociant du pays, résidant avec sa famille dans une maison voisine. Il offrit avec empressement le pavillon, dans lequel Napoléon voulut s'établir sans aucun délai. Il fallait qu'il consentît à dormir, manger, travailler dans la même pièce, mais elle s'ouvrait sur une jolie vallée, et il prit en bonne part ce chétif logement, que dans le pays on appelait *Briars*. Ne sachant comment abriter quelques-uns de ses domestiques, on eut recours à une tente qui fut dressée à côté du pavillon. Le plus grand inconvénient de ce séjour, c'était de séparer Napoléon de ses compagnons d'infortune, lesquels pour le voir étaient obligés chaque jour de faire un assez long trajet. On parvint cependant à trouver un réduit pour M. de Las Cases, que Napoléon tenait à avoir auprès de lui, parce qu'il lui dictait en ce moment le récit des campagnes d'Italie. Il avait donc l'indispensable, et ne tenait aucun compte des privations physiques, ayant essuyé bien pis dans ses longues et terribles guerres. Il est vrai que le danger et la gloire relevaient tout alors, et qu'aujourd'hui la dure captivité aurait empoisonné même l'abondance et les plaisirs. Il en sentit, hélas, à cette époque une première et dure rigueur! Jusqu'ici, empereur à bord du *Bellérophon*, général en chef sur *le Northumberland*, il avait pu se croire libre, car le navire était une prison flottante dans laquelle ses propres gardiens étaient aussi captifs que lui. Aucune surveillance n'avait donc été exercée à bord du *Northumberland*. Mais une fois qu'on fut à terre, l'amiral, inquiet pour sa responsabilité, n'osa pas laisser à son prisonnier l'île pour prison. Elle avait neuf à dix lieues de circonférence tout au plus, des côtes presque inabordables, n'était guère accessible que par le petit port de James-Town sévèrement gardé, et était entourée en outre d'une croisière nombreuse. Si donc Napoléon avait cherché à s'évader, il lui eût été bien difficile, surtout dans les premiers jours, avant d'avoir pu se ménager des complices, de disparaître tout à coup, et de trouver un bâtiment qui le transportât en Amérique. Néanmoins, voulant avoir la certitude physique et continue de sa présence, l'amiral entoura Briars de sentinelles qui ne devaient pas perdre de vue ceux qui l'habitaient. L'œil perçant de Napoléon les eut bientôt découvertes, et ce fut pour lui l'une des plus vives, des plus douloureuses impressions de sa captivité.

L'amiral, rempli d'ailleurs des meilleures intentions, avait bien prévu que Napoléon qui avait passé sa vie à cheval, et obligé ses contemporains à y passer la leur, ne pourrait se priver de cet exercice, et il s'était procuré en conséquence trois chevaux de selle assez bons, tirés du Cap comme tous ceux qu'on avait dans l'île. Napoléon était disposé à s'en servir, mais quand il vit qu'un officier anglais s'apprêtait à mettre le pied à l'étrier pour le suivre, il ne voulut plus de cette distraction, quelque nécessaire qu'elle fût à son corps et à son esprit, et il ordonna de renvoyer les chevaux. Faisant cependant la réflexion fort naturelle que l'amiral serait ainsi bien mal récompensé d'une attention délicate, il revint sur son ordre, et garda les chevaux sans en user.

Certains juges ont blâmé Napoléon de sentir ces souffrances, ou de laisser voir qu'il les sentait. Il est aisé de parler des maux d'autrui, et d'enseigner comment il faudrait les supporter. Pour moi que la vue de la souffrance d'autrui affecte profondément, je ne sais guère blâmer ceux qui souffrent, et je n'aurais pas le courage de rechercher si tel jour, à telle heure, de nobles victimes, torturées par la douleur, ont manqué de l'attitude impassible qu'on désirerait leur imposer. Je ne sais pas de plus touchantes victimes que Pie VII, que Louis XVI, que Marie-Antoinette, et il est tel instant que je voudrais supprimer de leur cruelle agonie. Le corps humain n'est pas bon à voir dans les convulsions de la douleur physique. L'âme humaine n'est pas meilleure à voir dans certains instants de la douleur morale, et il faut jeter sur elle le voile d'une compassion respectueuse. Si Napoléon eût été un anachorète chrétien, on aurait pu lui dire : Courbez la tête sous le soufflet des bourreaux. — Mais cette âme indomptable à la fatigue, aux souffrances physiques, aux dangers, tombée de si haut, frémissait sous les humiliations, et il faut pardonner ces premiers tressaillements d'impatience à l'homme qui, ayant vu pendant quinze ans les rois à ses pieds, était maintenant plongé dans leurs fers. Ses compagnons eurent le tort de contribuer à l'irriter en lui racontant comment ils étaient traités à James-Town. Surveillés dans leurs moindres mouvements, partout suivis d'un soldat, ils éprouvaient des gênes insupportables et se plaignirent vivement à leur maître infortuné, qui fut affecté de leurs peines plus que des siennes. Napoléon, ne se contenant plus, et répétant ce qu'il avait dit à lord Keith, s'écria qu'on violait en lui le droit des gens et l'humanité ; qu'il n'était pas prisonnier de guerre, car il s'était volontairement confié aux Anglais après avoir fait à leur gé-

nérosité un appel dont ils n'étaient pas dignes;
qu'il aurait pu se jeter sur la Loire, y continuer la
guerre, la rendre atroce, ou bien se livrer à son
beau-père, à son ancien ami l'empereur Alexandre,
qui auraient bien été forcés par la loi du sang ou
par celle de l'honneur de le traiter avec égards;
que les Anglais n'avaient donc pas sur lui les droits
qu'on a sur les prisonniers; que d'ailleurs ce droit
cessait avec la guerre, qu'enfin il y avait envers
les prisonniers des ménagements mesurés à leur
rang, à leur situation, dont on ne s'écartait jamais.
Napoléon, se rappelant à cette occasion comment
il avait agi autrefois avec l'empereur d'Autriche,
avec le roi de Prusse qu'il aurait pu détrôner,
avec l'empereur de Russie qu'il avait pu faire prisonnier à Austerlitz, et auxquels il avait épargné
la plupart des conséquences de leurs désastres,
comparait amèrement leur conduite à la sienne,
oubliant dans ces plaintes éloquentes la véritable
cause de traitements si différents, oubliant qu'A-
lexandre, Frédéric-Guillaume, François II, lorsqu'il les traitait si bien, ne lui inspiraient aucune
crainte, tandis que lui, au contraire, tout vaincu
qu'il était, faisait peur au monde, qu'il devait par
conséquent à son génie, et à l'abus de ce génie,
l'étrange forme de captivité à laquelle il était réduit. Après cet emportement qui l'avait soulagé,

il s'écria tout à coup : Du reste, pour moi, il ne m'appartient pas de réclamer. Ma dignité me commande le silence, même au milieu des tourments, mais vous à qui tant de réserve n'est pas commandée, plaignez-vous. Vous avez des femmes, des enfants, qu'il est inhumain de faire souffrir de la sorte, et qui motivent suffisamment toutes les réclamations que vous pourrez élever. —

Ils se plaignirent en effet, et l'amiral qui avait le visage, mais point le cœur sec, fit de son mieux pour leur rendre supportable le séjour de James-Town. Il ne se relâcha point de sa surveillance, car sa responsabilité le faisait trembler; mais il prescrivit à ses officiers les plus grands égards, sans renoncer cependant à la précaution essentielle de ne jamais perdre de vue le principal des prisonniers.

Après quelques jours la situation s'améliora un peu. Successivement on établit à Briars une partie des compagnons de Napoléon, et on facilita leurs rapports avec lui. Il put les recevoir à sa table, reprendre son travail avec eux, occuper enfin cet esprit dévorant qui le dévorait lui-même quand on ne lui donnait pas d'autre aliment. Il reprit ses entretiens, et essaya quelques promenades à pied qu'on lui laissa faire sans le suivre, voyant qu'à pied il ne pourrait aller bien loin. Il se mit à parcourir les petites vallées parallèles à celle de James-Town, et tournées au nord. Abritées contre le vent du sud et le soleil, elles étaient, comme nous l'avons dit, fraîches, ombragées, et terminées par des vues assez pittoresques. Un jour, Napoléon, s'étant fort éloigné, s'arrêta dans le modeste cottage d'un militaire anglais, le major Hudson. Il s'y montra doux et simple, fut accueilli avec respect, et sortit fort touché de la réception cordiale qu'on lui avait faite. Mais il était loin de Briars, et on lui prêta des chevaux pour y revenir. Il fit ainsi une assez longue course à cheval, ce qui ne lui était point arrivé depuis bien du temps, et parut y prendre quelque plaisir. Peu à peu il s'habitua au singulier gîte où il était établi, se figurant que bientôt il en aurait un plus supportable, et y vécut comme à l'un de ces nombreux bivouacs où il avait passé une partie de son orageuse vie.

L'hôte chez lequel Napoléon était descendu, commerçant de condition obscure, mais de cœur excellent, s'étudiait à le faire jouir de son jardin et de sa modeste société. Il avait deux jeunes filles parlant un peu le français, fort animées, fort in-nocentes, chantant médiocrement, mais avec l'heureuse humeur de la jeunesse. Elles venaient voir l'empereur déchu, le questionnaient avec l'ignorance de leur âge et de leur condition, puis lui jouaient des airs italiens sur un instrument très-peu harmonieux. Napoléon écoutait et répondait à leurs questions naïves avec une extrême bonté. L'une d'elles, qui avait rencontré dans un roman historique le nom de Gaston de Foix, et qui prenait le héros de Ravenne pour un général de l'Empire, lui demandait si Gaston était bien brave, et s'il était mort. — Oui, répondait Napoléon avec une patience toute paternelle, il était brave, et il est mort. — Il s'intéressait à ces enfants comme aux oiseaux voltigeant dans son jardin. C'étaient là désormais ses seules distractions : il n'en devait ni trouver, ni rechercher, ni désirer d'autres!

Les mois d'octobre et de novembre s'écoulèrent ainsi, paisiblement mais tristement, comme allaient s'écouler toutes les années de cette captivité sans exemple. A cette époque arrivèrent les premiers courriers d'Europe. Les exilés reçurent de leurs familles des nouvelles qui furent pour eux un doux soulagement. Napoléon seul n'en reçut point de la sienne. Sa mère, ses frères, ses sœurs, dispersés, fugitifs, réduits à se cacher, n'avaient pu se procurer les moyens de lui écrire. Marie-Louise n'avait pas même songé à l'entretenir de son fils. Les nouvelles intéressantes pour lui furent celles des journaux. Elles lui parlaient de la France avec beaucoup de détail, et elles le touchèrent profondément. Les Bourbons, entrés si doucement en France en 1814, rentraient cette fois la colère au cœur, et une funeste illusion dans l'esprit. Ils croyaient qu'une vaste conspiration les avait seule expulsés au 20 mars, et qu'il était à la fois juste et politique de la punir. Les journaux annonçaient de nombreux exils, de nombreuses arrestations parmi les hommes les plus dévoués à Napoléon, et tous compromis à cause de lui. Ney, La Bédoyère, Drouot, Lavallette, étaient menacés de poursuites rigoureuses et d'exécutions sanglantes. Napoléon fut fort ému du sort qui menaçait ces trois derniers qu'il aimait sincèrement, et quant à Ney, pour lequel il avait moins d'affection, mais dont il admirait l'énergie guerrière, il ressentit de son malheur une pitié profonde. Il fut non pas blessé, mais affligé du système de défense qu'on semblait adopter pour l'infortuné maréchal. Avec cette logique puissante qui éclatait dès qu'il raisonnait sur un sujet, il indiqua tout de suite le vrai système de défense à employer. — On se trompe, dit-il, si on croit adoucir les juges de Ney en le présentant comme mon ennemi, en rappelant sa conduite à Fontainebleau. Il n'y a qu'une manière de sauver Ney, s'il y en a une, c'est de faire éclater en sa faveur toute la force de la vérité. Ney n'a point conspiré, car personne n'a conspiré. A son départ de Paris, il voulait m'arrêter. Il le voulait à Lons-le-Saulnier encore; et il aurait réalisé son intention, si les troupes et la population ne lui avaient fait violence. Mais en s'approchant de moi, un mouvement des esprits, général, irrésistible, l'a entraîné lui comme les autres, et il y a cédé. Je dois ajouter qu'il m'a écrit en cette occasion dans des termes fort honorables, me déclarant qu'il avait agi de la sorte non pour moi, mais pour le pays, et offrant de se retirer si la politique que j'apportais n'était pas conforme au vœu universel. A notre rencontre à Auxerre, je lui ai coupé la parole en lui serrant la main, et en lui disant de s'en fier à moi, que ma politique serait celle que tous les Français désiraient, et qui était dictée par le simple bon sens. Il s'est même, à cette époque, tenu à l'écart; mais il était intérieurement agité par le sentiment de sa fausse position personnelle. Sa conduite s'en est ressentie aux Quatre-Bras, et surtout à Waterloo. Jamais il n'a été plus héroïque, ni plus irréfléchi, et en contribuant à nous perdre, il s'est perdu lui-même. Mais ni les Bourbons ni moi n'avons rien à lui reprocher, que d'avoir succombé sous la violence des événements. Il doit dire à ses juges : Je n'ai point trahi, j'ai été entraîné, et pour ce genre de délit, si fréquent, si excusable dans les révolutions, une loi a été faite,

c'est la capitulation de Paris, capitulation sacrée
à laquelle l'honneur des généraux vainqueurs,
l'honneur de leurs souverains est attaché, et cette
capitulation met les délits politiques à l'abri de
toute recherche. — Voilà ce que Ney doit dire, et
ce doit être toute sa défense parce que c'est toute
la vérité. Ou la capitulation de Paris n'a pas de
sens, ou elle s'applique forcément au délit de Ney.
S'il s'en tient à ce genre de défense, qui est le véritable, il vaincra peut-être ses juges, et s'il ne
parvient point à les vaincre, il les déshonorera
devant l'histoire, et mourra entouré de l'éternelle
sympathie des honnêtes gens! — Ney, pauvre Ney,
s'écriait Napoléon, quel funeste sort t'attend! —
Continuant sur ce sujet, et répétant que ni le maréchal Ney ni aucun autre n'avait trahi au 20 mars,
Chacun a fait son devoir, disait-il, et les chefs militaires aussi bien que les chefs civils. Mais l'armée
et le peuple des campagnes ont entraîné tout le
monde. — Napoléon citait à ce sujet un fait remarquable, et digne d'être conservé par l'histoire. —
On a accusé Masséna, disait-il, d'avoir trahi les
Bourbons; vous allez voir qu'il n'en est rien.
Lorsque je me trouvai à Paris, rétabli sur le trône
impérial, c'était le cas de se faire valoir auprès de
moi, et de se vanter de ce qu'on avait risqué en
ma faveur. Masséna vint à Paris; je lui demandai

ce qu'il aurait fait, si au lieu de prendre la route de Grenoble, j'avais pris celle de Marseille où il commandait. Masséna n'était point flatteur, pourtant ma question ne laissa pas de l'embarrasser, et comme j'insistais, il finit par me répondre : *Sire, vous avez bien fait de prendre la route de Grenoble...* — Tous mes maréchaux n'auraient pas osé me répondre aussi franchement, mais tous en auraient eu le droit, excepté Davout qui n'était point en fonctions, qui avait été indignement traité, et qui seul était libre de ses actions. Personne n'a donc trahi les Bourbons, et s'ils se vengent aujourd'hui, c'est par faiblesse pour leur parti, et afin de dissimuler leurs fautes de conduite. Mais j'entrevois pour eux un avenir peu sûr. En se livrant aux passions de l'émigration, ils éloigneront d'eux la France tous les jours davantage. Ce n'est pas mon fils qui en profitera le premier; la maison d'Orléans passera avant lui, mais à la suite de celle-ci le tour des Bonaparte pourra bien venir. —

Après ces mots d'une si profonde prévoyance, Napoléon revenait à l'injustice des poursuites annoncées, et montrait pour La Bédoyère, pour Ney, pour Drouot, pour Lavallette, une inquiétude extrême. Toutefois, il paraissait croire que la vertu de Drouot si universellement reconnue serait un bouclier impénétrable; mais il tremblait pour La

Bédoyère, pour Ney, pour Lavallette, et attendait avec impatience des nouvelles de ces victimes, qui étaient les siennes, hélas! autant que celles des Bourbons!

Bien qu'il se fût fait à Briars un établissement presque supportable, Napoléon y était si à l'étroit, il y voyait surtout ses amis si maltraités, qu'il se montra fort impatient d'être transféré à Longwood. L'amiral, qu'il appelait *son requin*, mais dont il appréciait le cœur, n'avait rien négligé pour hâter les travaux de sa nouvelle résidence. Il y avait employé les ouvriers de la ville et de la flotte, et avec du bois, des toiles goudronnées, des matériaux de toute sorte, il était parvenu à construire un vaste rez-de-chaussée, où Napoléon pouvait se loger avec ses compagnons d'exil. Les lieux ayant été déclarés habitables, l'amiral proposa à Napoléon de s'y transporter, ce qui fut accepté immédiatement.

Le 10 décembre, il quitta Briars, fit ses adieux à la famille qui l'y avait si bien reçu, lui laissa des marques d'une munificence que sa gêne actuelle n'avait pas restreinte, et partit à cheval, ayant d'un côté l'amiral, et de l'autre le grand maréchal Bertrand. Il était comme toujours en uniforme de la garde, et montait un cheval du Cap, vif, doux, agréable à manier. Ce trajet ne lui déplut point, et arrivé à Longwood il trouva sous les armes le

53e régiment anglais, qui campait dans le voisinage. L'amiral lui présenta les officiers du régiment,
et puis le conduisit dans les appartements qui lui
étaient destinés. Ils étaient de construction fort
légère, recouverts en toile goudronnée, et meublés
très-modestement. Napoléon n'improuva rien. Il
avait quelques pièces pour se coucher, travailler,
recevoir ses amis, et, quant à eux, ils avaient de
quoi se loger autour de lui. C'était tout ce qu'il
désirait. Il remercia l'amiral, et s'établit dans cette
demeure qui devait être la dernière. Il fit tendre
son lit de camp dans une pièce, ranger ses livres
dans une autre, et suspendre sous ses yeux le portrait de son fils et de quelques membres de sa famille. A la suite de ces deux pièces se trouvaient
un salon de réception, et une salle pour prendre
les repas en commun. M. de Las Cases et son fils,
M. et madame de Montholon, le général Gourgaud,
occupaient une autre aile du bâtiment. Le grand
maréchal Bertrand qui avait l'humeur solitaire,
madame Bertrand qui était une personne généreuse, mais peu capable de s'astreindre à la vie
commune, avaient demandé pour leur famille une
habitation séparée. On leur en avait préparé une à
l'entrée du plateau de Longwood, de manière qu'ils
étaient non pas commensaux, mais voisins de l'Empereur. Cette maison s'appelait *Hutt's-Gate*.

Ces dispositions arrêtées, Napoléon commença son nouveau genre de vie en tâchant de s'y résigner. Ayant pris à la guerre l'habitude de veiller une partie de la nuit, il avait le sommeil irrégulier et peu suivi. Il s'éveillait souvent, se levait pour lire ou travailler, se recouchait ensuite, et s'il ne pouvait dormir montait à cheval dès la pointe du jour, rentrait quand le soleil se faisait sentir, déjeunait seul, puis dictait ou se reposait, gagnait ainsi trois ou quatre heures de l'après-midi, recevait alors ses compagnons d'exil, se promenait en voiture avec eux, leurs femmes et leurs enfants, dînait à la fin du jour, et passait les soirées dans leur compagnie, tantôt lisant en commun quelques bons ouvrages, tantôt parlant du passé, et les tenant attentifs aux récits de sa vie. Il s'efforçait de prolonger la soirée, car plus il se couchait tard, plus il avait l'espérance de trouver le sommeil. — *Quelle conquête sur le temps!* s'écriait-il, quand il avait pu atteindre onze heures ou minuit.

Ici comme à Briars, la surveillance exercée sur sa personne devait devenir la difficulté principale de ses relations avec les autorités britanniques. Le 53e, campé à environ une lieue de Longwood, n'était point gênant, et dans la journée, les sentinelles étaient hors de vue. Napoléon ne les retrouvait que s'il se portait à une distance qu'il lui était

difficile de franchir à pied. S'il montait à cheval,
et s'éloignait de quelques milles, un officier devait
l'accompagner, d'assez loin toutefois pour que ses
épanchements intimes n'en fussent pas troublés.
Napoléon ayant manifesté une répugnance extrême
à monter à cheval s'il devait être suivi, l'amiral,
qui ne voulait pas le priver de cet exercice, fit
tracer autour du plateau de Longwood des limites
embrassant un circuit d'environ trois ou quatre
lieues, dans l'enceinte desquelles il pouvait circuler librement. Au delà un officier à cheval devait
ne pas le perdre de vue.

Le soir à neuf heures les sentinelles se rapprochant de l'habitation, l'enveloppaient de telle manière qu'aucun homme n'aurait pu passer entre
elles. Un officier de service dans l'intérieur de
Longwood, devait avoir vu Napoléon une fois par
jour, même deux fois, suivant les instructions de
lord Bathurst, afin qu'on eût la certitude physique
de sa présence à Sainte-Hélène. Les points saillants de l'île étaient surmontés de télégraphes pour
mander à Plantation-House, demeure du gouverneur, tout ce qui arriverait d'important à Longwood, et surtout la disparition de l'illustre captif,
si on avait un moment cessé de l'avoir sous les
yeux. Une vigie placée sur le pic de Diane, d'où
la vue s'étendait à douze lieues en mer, devait si-

gnaler à James-Town l'approche de tout bâtiment dès qu'il serait aperçu, et un brick de guerre devait sortir pour escorter le bâtiment signalé, le conduire au port, et l'empêcher de débarquer homme ou chose sans inspection préalable. Les navires venant de quelque région que ce fût ne devaient communiquer avec la terre, remettre lettres ou paquets destinés aux habitants de Longwood, que par l'intermédiaire du gouverneur. A leur départ, ils ne pouvaient embarquer personne sans la permission de ce même gouverneur, et sans avoir subi une visite rigoureuse. Des règlements sévères, particuliers aux habitants, leur défendaient de communiquer avec Longwood, à moins que ce ne fût avec l'agrément de l'autorité, et les avertissaient que toute coopération à un projet d'évasion serait considérée comme cas de haute trahison, et punie comme telle.

Ces règlements, produit d'une inquiétude extrême et fondés sur les instructions de lord Bathurst, indisposèrent fortement Napoléon, que toute apparence de captivité blessait autant que la captivité elle-même. Déjà refroidi pour l'amiral à l'occasion des précautions prises à Briars, il devint plus froid encore envers lui, et ne voulut traiter aucun des points qui l'intéressaient, n'étant pas parfaitement sûr de se contenir dans une discussion de ce genre. Il en chargea MM. Bertrand, de Las Cases, Gourgaud, de Montholon. Ces messieurs, aigris par le malheur, n'avaient à la bouche qu'un raisonnement sans valeur pour l'amiral, c'est que l'Empereur s'était confié volontairement aux Anglais, qu'on n'avait pu le faire prisonnier de guerre, que d'ailleurs il n'y avait plus de prisonniers de guerre à la paix; à quoi l'amiral aurait pu répondre que la sûreté de l'Europe avait exigé des précautions, extraordinaires comme l'homme extraordinaire auquel elles s'appliquaient. Mais il n'était ni légiste, ni raisonneur, il était militaire, plein de cœur, et plein aussi de rigidité dans l'accomplissement de ses devoirs. On lui avait donné des ordres, et il les exécutait. Ces ordres prescrivaient d'assurer avant tout la garde du prisonnier, dont le dépôt était considéré comme un dépôt commun, intéressant le repos de l'univers, et il frémissait à l'idée que ce prisonnier pût s'évader. La garde une fois rendue infaillible, il ne songeait à y ajouter aucune rigueur inutile, et s'il se trompait, c'était sans la moindre intention de faire sentir son autorité, faiblesse d'agent subalterne qu'il n'éprouvait à aucun degré. Sans doute, on aurait pu laisser à Napoléon l'île entière pour prison, car avec la précaution de s'assurer deux fois par jour de sa présence à Longwood, on était certain d'être

toujours averti à temps de sa disparition ; et l'île
au surplus était si petite, si entourée de bâtiments,
si peu abordable ailleurs qu'à James-Town, qu'il
était absolument impossible que le prisonnier ne
fût pas retrouvé avant d'avoir pu s'embarquer. Cependant la précaution de ne jamais le perdre de
vue était plus sûre ; aussi l'amiral ne voulut-il pas
s'en départir, en ayant soin toutefois dans la pratique de rendre supportables les gênes qui devaient
en résulter. L'officier de service ne se montrait
pas, vivait dans les bâtiments de Longwood avec
les exilés eux-mêmes, se contentant d'avoir aperçu
Napoléon dans sa promenade ou dans le passage
d'un appartement à l'autre. Si Napoléon sortait, il
n'avait garde de le suivre dans les limites assignées,
et ne montait à cheval que si ces limites devaient
être dépassées. En ce cas il se tenait à distance, et
souvent perdait de vue Napoléon, quand celui-ci
avec sa curiosité et sa hardiesse ordinaires, s'en-
fonçait dans des routes impraticables. Plusieurs
fois il s'embourba ainsi dans des marécages, sans
pouvoir suivre son prisonnier et sans se plaindre.
Quant à la correspondance avec les habitants, bien
qu'interdite en principe, elle fut soufferte, et les
exilés purent pour leurs besoins communiquer
assez librement avec James-Town. Quant aux visiteurs, l'amiral sachant bien qui allait ou venait,

permettait leur introduction à Longwood, moyennant qu'ils s'adressassent au grand maréchal Bertrand, qui à Longwood comme aux Tuileries, prenait les ordres de son maître pour les admissions auprès de lui. Napoléon n'avait pas ainsi l'apparence d'un détenu dans la prison duquel on ne peut entrer qu'avec la permission de ses geôliers.

Malgré ces gênes, Napoléon, dans les premiers temps, ne prit pas en aversion la résidence où il était destiné à vivre et à mourir. Il n'avait pas cessé jusqu'alors de se bien porter; les inconvénients du climat, et ceux qui tenaient particulièrement au plateau de Longwood, ne s'étaient pas fait sentir à son organisation, insensible aux souffrances physiques dans l'action, mais délicate et très-susceptible dans le repos. On était en janvier 1816, c'est-à-dire dans la belle saison de cet hémisphère; les lieux étaient nouveaux, et ni lui ni ses compagnons n'étaient encore en proie aux tourments de l'ennui. Il souffrait de l'immensité de sa chute, de la perte de toute espérance, mais il n'éprouvait pas encore le dégoût et l'horreur de son séjour. Il se promenait tantôt à pied, tantôt à cheval, souvent exécutait de longues courses, questionnait les rares habitants, notamment un vieux nègre qui cultivait un petit champ près de lui, et une pauvre veuve, mère de deux filles qui venaient lui offrir des fleurs.

Il se complaisait à leur faire du bien. Quelquefois il se dirigeait vers le campement du 53ᵉ, où il était bien accueilli, et reçu en soldat par des soldats. Puis, comme nous l'avons déjà dit, il rentrait, travaillait, dictait à M. de Las Cases les campagnes d'Italie, au grand maréchal Bertrand la campagne d'Égypte, au général Gourgaud celle de 1815, sortait en voiture vers la chute du jour avec mesdames Bertrand et Montholon, rentrait pour diner, et passait les soirées à s'entretenir d'une foule de sujets divers, ou à faire en famille de bonnes lectures. Nos grands écrivains le charmaient, et il prenait à les lire le plaisir profond d'un esprit délicat, exercé et plein de goût.

Cependant il ne pouvait pas s'écouler longtemps sans qu'il devînt sensible aux inconvénients de ce séjour soit pour lui, soit pour les compagnons de son infortune. Après avoir fait vingt ou trente fois le tour entier du plateau de Longwood, il le trouva triste et monotone, et lorsqu'il tenta d'en sortir, la compagnie de l'officier de suite lui parut odieuse. Laisser cet officier à grande distance, engagé dans de mauvais pas, était peu obligeant; le souffrir avec soi était insupportable. Quelquefois néanmoins il franchit les bornes de son plateau, et il tâcha de pénétrer dans les vallées opposées, celles du nord, où était situé le pavillon de Briars, et où

s'élevait Plantation-House. En comparant ces vallées fraîches, ombragées, avec son plateau dénué
de tout abri contre le soleil et le vent, il ne put
s'empêcher d'apercevoir que pour le garder plus
sûrement, on l'avait placé dans une exposition à
la fois déplaisante et malsaine. Ses compagnons
d'exil disaient qu'on voulait le tuer. Moins extrême
dans son langage, il disait que pour s'assurer de sa
personne on n'avait pas hésité à le martyriser. En
effet, les facilités qu'offrait pour la surveillance ce
plateau de Longwood, découvert de toute part,
bordé vers la mer de côtes à pic, étaient pour l'habitation des incommodités insupportables. Ou il
était chargé des nuages de l'Atlantique attirés autour du pic de Diane, ou il était labouré sans merci
par le vent du Cap, à ce point que malgré la chaude
humidité du climat l'herbe n'y poussait même pas.
Un bois de gommiers, arbres chétifs et à maigre
feuillage, formait le seul abri contre le soleil.
Quand le soleil ne planait pas sur ce désert, une
humidité désagréable pénétrait tous les vêtements.
Lorsqu'au contraire le soleil planait au-dessus, il
dardait d'irrésistibles rayons à travers les toits en
toile goudronnée de Longwood. De plus, il n'y
avait point d'eau, et il fallait que des domestiques
chinois allassent en chercher dans les vallées si-
tuées à l'opposite, d'où elle n'arrivait ni pure ni

fraîche. A tous les inconvénients de ce séjour se joignaient ceux d'une île pauvre, peu fréquentée, où les aliments étaient chers et de mauvaise qualité, ce qui touchait peu la sobriété de Napoléon, mais ce qui l'affligeait pour ses compagnons d'exil qui avaient amené avec eux leurs femmes, leurs enfants, habitués à toutes les délicatesses du luxe européen. — Il n'y a pas ici le mot pour rire, disait-il un soir à ses amis, et en voyant une table mal servie, des murailles presque nues, *nous n'aurons de trop*, ajoutait-il, *que le temps*. —

Observant avec sa profonde finesse ses compagnons d'infortune, il remarquait chez eux les premières atteintes du mal moral de l'exil, et pouvait s'en apercevoir à une certaine aigreur involontaire des uns envers les autres. Ils se disputaient ses préférences à Sainte-Hélène à peu près comme à Paris, et le général Gourgaud, susceptible, jaloux, irritable, voyant M. de Las Cases tout à fait admis dans l'intimité de Napoléon, en éprouvait un dépit mal dissimulé. Les deux familles Montholon et Bertrand, l'une placée à Longwood, l'autre à Hutt's-Gate, laissaient percer aussi quelques traces de jalousie. Ainsi les misères des cours ne finissent pas même avec le trône! Mais il faut pardonner, il faut même honorer des rivalités se disputant les préférences du génie tombé dans

l'abîme. Combien de familles comblées par Napoléon continuaient de se livrer à ces mêmes rivalités, non pas à Longwood, mais aux Tuileries!

Napoléon reconnaissait dans ces aigreurs nais-
santes le triste effet du malheur, et en craignait les
conséquences pour l'avenir de cette colonie nau-
fragée, et jetée sur un affreux rocher. Il se donnait
la peine de consoler les jalousies par des témoignages flatteurs, de les calmer par de sages discours, dissimulait ses propres ennuis, tâchait de
charmer ceux des autres, en leur promettant à
tous un avenir meilleur qu'il était bien loin d'espérer!

On avait atteint le quatrième mois de 1816,
commencement de la bonne saison en Europe et
de la mauvaise à Sainte-Hélène, lorsqu'on apprit,
le 5 avril, qu'un bâtiment venu d'Angleterre apportait le nouveau gouverneur, car la mission de
l'amiral Cockburn n'avait jamais dû être que temporaire.

Ce gouverneur était le général Hudson Lowe,
auquel sa mission à Sainte-Hélène a valu une fâcheuse célébrité. Sir Hudson Lowe était un de ces
officiers, moitié militaires, moitié diplomates, que
les gouvernements emploient dans les occasions où
il faut plus de savoir-faire que de talent pour la
guerre. Il avait été chargé en effet de diverses

6

missions dont il s'était bien acquitté, notamment au quartier général des alliés, où il avait contracté toutes les passions ennemies de la France, et quoiqu'il ne fût pas à beaucoup près aussi méchant que sa figure aurait pu le faire craindre, il n'était cependant ni de caractère bienveillant, ni d'humeur facile. Les voies de l'avancement militaire lui étant fermées par la paix, il avait accepté, dans l'espérance d'être bien récompensé, une mission pénible, et accompagnée d'une immense responsabilité, soit devant son gouvernement, soit devant l'histoire. Il ne songeait guère à cette dernière responsabilité, dont il ne prévoyait pas alors la gravité, et n'avait d'autre préoccupation que celle d'échapper au reproche encouru par l'amiral Cockburn, d'avoir cédé à l'ascendant du prisonnier de Sainte-Hélène. Sans avoir le projet d'être un tyran, sir Hudson Lowe tenait surtout à prouver qu'il était de force à résister à quelque ascendant que ce fût. Cette disposition devait l'exposer à plus d'un choc avec le caractère puissant, et actuellement irrité, qu'on lui donnait mission de contenir sans toutefois le pousser au désespoir.

A peine débarqué, il demanda à l'amiral Cockburn de le conduire à Longwood, pour le présenter à l'illustre captif. L'amiral avait lui-même contribué à établir la coutume qu'on sollicitât l'agrément de

Napoléon avant de se présenter à lui, ce qui se faisait par l'intermédiaire du grand maréchal Bertrand. L'amiral manqua à cette convenance en se transportant avec sir Hudson Lowe à Longwood, sans avoir eu soin de se faire annoncer. Napoléon fit répondre qu'il était indisposé, et ne pouvait recevoir personne. Sir Hudson Lowe demanda le jour du général Bonaparte, et on lui assigna le lendemain. Le lendemain, sir Hudson Lowe se rendit à Longwood accompagné de l'amiral. Il fut reçu par le grand maréchal Bertrand et le général Gourgaud et introduit auprès de l'Empereur déchu. Survint un incident fâcheux. Tandis qu'on introduisait le nouveau gouverneur, l'amiral, engagé dans un entretien, ne s'en aperçut point, et lorsqu'il voulut entrer les domestiques avaient déjà refermé la porte. Croyant qu'elle ne devait être ouverte qu'au gouverneur, ils n'osèrent l'ouvrir à l'amiral. Celui-ci vivement blessé, remonta à cheval, et retourna à James-Town avec ses aides de camp.

L'entrevue de Napoléon avec sir Hudson Lowe fut cérémonieuse et froide. Napoléon avait été mal disposé par la manière dont le nouveau gouverneur s'était présenté la veille, et ce dernier était peu flatté d'avoir été remis au lendemain. Rien n'était donc préparé pour rendre leur première rencontre amicale. Napoléon, découvrant d'un coup d'œil à quel personnage il avait affaire, vit bien qu'il avait en sa présence l'un des esprits extrêmes de la coalition, et la figure de sir Hudson Lowe le porta même à exagérer ce jugement. Après un accueil poli mais réservé, il se plaignit brièvement, et sans daigner en solliciter la suppression, des gênes qu'on lui imposait, et indiqua qu'il attendait à l'œuvre le nouveau gouverneur pour savoir s'il devrait s'applaudir ou non de son arrivée à Sainte-Hélène. Sir Hudson Lowe protesta de son désir de concilier les devoirs difficiles de sa charge avec le bien-être des exilés, mais sans mettre au surplus beaucoup de chaleur dans ses protestations. Il se retira après une entrevue d'assez courte durée.

A peine sir Hudson Lowe était-il parti, que Napoléon dit à ses compagnons d'exil que jamais il n'avait vu pareille figure de sbire italien. Nous regretterons *notre requin*, ajouta-t-il. — On lui raconta alors l'incident fàcheux qui avait fait partir l'amiral Cockburn, et après en avoir souri un instant, il en éprouva un véritable déplaisir, connaissant le caractère sensible et fier de l'amiral. Cependant celui-ci, quoique offensé, était incapable de chercher à se venger. Le mal était plus grand à l'égard du gouverneur. Blessé de l'accueil qu'il avait reçu, il était homme à faire sentir une autorité dont on avait paru tenir si peu de compte.

Aussi à peine établi à Plantation-House, voulut-il appliquer en leur entier, soit les règlements de l'amiral, soit ceux qu'il prétendait tirer des instructions de lord Bathurst. Napoléon s'était plaint d'avoir à la chute du jour des sentinelles sous sa fenêtre, et lorsqu'il montait à cheval, d'être obligé, ou de tourner fastidieusement dans un même cercle, ou d'être suivi par un officier anglais. Sir Hudson Lowe répondit que ces règlements, connus de lord Bathurst et formellement approuvés par lui, devaient être exécutés à la lettre. En même temps il renouvela l'ordre à l'officier de service de ne pas laisser passer une journée sans avoir vu le prisonnier de ses propres yeux.

Il apporta la même rigueur à faire exécuter certaines prescriptions que l'amiral avait pour ainsi dire laissé tomber en désuétude. Ainsi, bien qu'aux termes des règlements ministériels personne ne dût communiquer avec les habitants de Longwood sans permission du gouverneur, l'amiral avait souffert qu'on fût admis sur simple autorisation du grand maréchal Bertrand. Les serviteurs allant et venant pour des besoins tout matériels, avaient circulé sans difficulté. Quelques Anglais de marque revenant des Indes, connus de l'amiral, et dès lors ne pouvant inspirer de défiance, avaient été reçus à Longwood, en le demandant seulement au grand

6.

maréchal, avaient été bien accueillis de Napoléon, et l'avaient intéressé quelques instants. Il n'y avait aucun inconvénient à continuer cet état de choses. Mais sir Hudson Lowe exigea que toute communication eût lieu en vertu de sa permission, et que toute lettre venant de Longwood ou y allant, passât par son intermédiaire. Pour diminuer même les occasions d'écrire il attacha un fournisseur spécial à la colonie de Longwood, et il choisit le propriétaire du pavillon de Briars, où Napoléon avait passé quelques semaines.

Ces rigueurs nouvelles, auxquelles on ne s'était point attendu, irritèrent singulièrement les exilés. Sir Hudson Lowe étant venu faire une seconde visite, Napoléon le reçut encore plus froidement que la première fois, et le renvoya au grand maréchal Bertrand pour s'expliquer avec lui sur l'exécution des règlements. Le grand maréchal réclama contre les nouvelles gênes et contre les anciennes, le fit avec beaucoup de véhémence, trouva sir Hudson Lowe extrêmement opiniâtre, et lui déclara que s'il persistait dans ses intentions, Napoléon ne sortirait plus de ses appartements, et que si le défaut d'exercice devenait funeste à sa santé, le nouveau gouverneur en répondrait devant l'opinion universelle. Sir Hudson Lowe ne se laissa point fléchir par ces menaces, affecta de considérer sa

conduite comme toute naturelle, comme découlant
nécessairement de ses instructions, et comme devant lui mériter à Longwood un accueil aussi ami-
cal que celui qu'y recevait l'amiral Cockburn. Avec
une pareille manière d'entendre les choses, il devait bientôt mettre le comble à la brouille déplorable qui depuis valut à son prisonnier tant de
souffrances, et à lui-même tant de fâcheuses impu-
tations. La flotte de l'Inde venait d'arriver. A bord
se trouvait lord Moira, gouverneur de l'Inde, et
lady Moira, son épouse, tous deux éprouvant un
vif désir de voir Napoléon. Mais celui-ci ayant
déclaré qu'il ne se laisserait pas assimiler à un
détenu dont on ouvrait ou fermait la prison à volonté, et qu'il n'admettrait auprès de sa personne
que ceux qui auraient demandé son agrément par
le grand maréchal Bertrand, lord et lady Moira
n'osèrent faire une demande sujette en ce moment
à tant de difficultés. Toutefois, afin de satisfaire
leur curiosité toujours fort vive, sir Hudson Lowe
adressa au maréchal Bertrand une invitation à dîner
au château de Plantation-House, et il en ajouta une
pour Napoléon lui-même, disant que si le *général
Bonaparte* la voulait bien agréer lady Moira serait
très-heureuse de lui être présentée. Il n'y avait à
vrai dire dans cette démarche qu'un défaut de tact,
et nullement l'intention d'offenser le glorieux pri-

sonnier. Mais le grand maréchal Bertrand fut très-blessé de cette invitation pour lui et pour son maître, et Napoléon ne le fut pas moins, car il ne pouvait consentir à devenir un objet de curiosité dont le gouverneur de Sainte-Hélène disposerait en faveur des hôtes auxquels il voudrait faire bon accueil. Sir Hudson Lowe n'en fut pas quitte pour le refus du grand maréchal Bertrand. S'étant présenté à Longwood, il fut accueilli cette fois autrement qu'avec de la simple froideur. Napoléon lui adressa les paroles les plus dures. — Je suis étonné, lui dit-il, que vous ayez osé m'adresser l'invitation que le grand maréchal vous a renvoyée. Avez-vous oublié qui vous êtes, et qui je suis? Il n'appartient ni à vous, ni même à votre gouvernement, de m'ôter un titre que la France m'a donné, que l'Europe entière a reconnu, et par lequel la postérité me désignera. Que vous et l'Angleterre y consentiez ou non, je suis et serai toujours pour l'univers l'empereur Napoléon. J'attache donc peu d'importance à vos qualifications. Je suis offensé cependant que vous ayez pu espérer m'attirer chez vous et m'offrir à la curiosité de vos hôtes. La fortune m'a abandonné, mais il n'est au pouvoir de personne au monde de faire de l'empereur Napoléon un objet de dérision. — Toutefois après ces paroles sévères, Napoléon se radoucit, et sir Hudson Lowe s'excusa

beaucoup sur ses intentions, disant que le désir de
lord et lady Moira n'était qu'un hommage à sa
gloire, et qu'il avait voulu savoir seulement si
une telle rencontre avec des personnages considérables d'Angleterre pourrait lui être agréable. —
Napoléon écouta ces explications sans les admettre
ni les rejeter, et renvoya le gouverneur encore un
peu plus humilié qu'à ses deux premières visites.

La comparaison entre sir Hudson Lowe et l'amiral Cockburn avait donc été tout à fait à l'avantage
de ce dernier, qui partit bientôt pour l'Angleterre.
Avant de s'embarquer, il se rendit à Longwood
pour voir le grand maréchal, lui présenter ses
adieux, lui exprimer ses regrets des rigueurs ajou-
tées à la captivité de Napoléon, et des fâcheux
rapports établis avec le nouveau gouverneur, dont
les intentions, assurait-il, n'étaient pas aussi mauvaises qu'on le supposait. Le grand maréchal répondit cordialement aux témoignages de l'amiral,
le supplia de faire connaître à la nation britannique
l'état auquel on avait réduit le grand homme qui
s'était confié à elle, le pressa instamment de venir
prendre congé de Napoléon, et lui fit de nouvelles
excuses pour le désagréable incident survenu le
jour de la présentation de sir Hudson Lowe. Mais
l'amiral, susceptible autant que généreux, ne voulut pas revoir Napoléon. Il chargea le grand maré-

chal de lui transmettre ses adieux, et de lui bien affirmer que de retour en Angleterre il n'y serait point l'ennemi de son malheur. Effectivement l'amiral avait conçu pour Napoléon une véritable sympathie, et n'avait cessé de dire que de tous les prisonniers de Sainte-Hélène c'était le plus doux, le plus facile, et que moyennant une explication directe on s'entendait avec lui mieux qu'avec tout autre, quand il n'était pas tout à fait impossible de s'entendre.

L'amiral Cockburn partit accompagné des regrets de cette colonie infortunée. A peine s'était-il éloigné que de nouvelles difficultés surgirent. Le ministère britannique avait ordonné qu'on exigeât des compagnons de Napoléon un acte de soumission formelle à toutes les restrictions imposées à leur liberté, et que ceux qui s'y refuseraient fussent renvoyés en Europe. Il avait de plus jugé excessive la dépense qui se faisait à Longwood, et qui s'expliquait par la cherté de toutes choses à Sainte-Hélène, par le nombre des personnes à nourrir, lequel était d'une cinquantaine, entre maîtres et domestiques, maris, femmes et enfants. Cette dépense était annuellement d'environ vingt mille livres sterling (500,000 francs). Jamais l'amiral Cockburn n'avait songé ni à la trouver excessive, ni surtout à en faire la remarque. Était-ce le cas en effet de mesurer à l'ancien maître du monde le pain amer qu'on jetait dans sa prison? Il semble au contraire qu'en échange de la liberté qu'on lui ôtait pour le repos commun, on aurait dû par respect de soi-même lui offrir tous les biens matériels. Il n'en fut rien pourtant, et maintenant que les tristes passions de 1815 sont éteintes, on se demande comment lord Bathurst fut capable d'exiger formellement la réduction à 8,000 livres sterling des dépenses de Longwood. Au surplus le chiffre n'est rien, la seule pensée de compter est tout, et pour son honneur l'Angleterre ne doit pas pardonner une telle indignité à ceux qui en ont souillé son histoire.

Nous devons dire que lorsqu'il fallut exécuter cette partie de ses instructions, sir Hudson Lowe en sentit l'inconvenance, et manifesta un honorable embarras. Quant à la déclaration exigée des membres de la colonie, il afficha d'abord une volonté absolue. Il rédigea lui-même la pièce qu'ils devaient signer, et dans laquelle Napoléon était qualifié de *général Bonaparte*. C'était les placer dans une position des plus pénibles. Que ceux qui tenaient Napoléon en leur puissance lui refusassent ses titres, ce pouvait être naturel de leur part. Mais que ses compagnons d'infortune dans un acte authentique, signé de leur main, se prêtassent à le qualifier d'un autre titre que celui qu'ils lui donnaient tous les jours, c'était vouloir les faire concourir à sa déchéance. Ils opposèrent donc à la rédaction proposée par sir Hudson Lowe une déclaration en tout semblable à la sienne, quant à l'engagement formel de se soumettre aux règlements établis à Sainte-Hélène, mais différente quant aux titres attribués à Napoléon. Le gouverneur leur annonça brutalement que s'ils ne signaient pas la déclaration telle qu'il l'exigeait, il les ferait immédiatement embarquer pour l'Europe. — Ne signez pas, leur dit Napoléon, et laissez-vous embarquer. Je demeurerai seul ici, où j'ai d'ailleurs bien peu de temps à vivre, et le monde saura que pour une aussi misérable querelle on m'a séparé des derniers amis qui me restaient. — Les exilés tinrent bon, et sir Hudson Lowe, qui en définitive comprenait tout ce qu'aurait d'odieux un pareil procédé, proposa une transaction, c'était de supprimer les titres de général ou d'empereur, et de désigner le prisonnier par ses noms propres de *Napoléon Bonaparte*, répétant que s'ils refusaient, un bâtiment déjà sous voile les emporterait en Europe. Ils se soumirent, sans le dire à Napoléon, pour ne pas laisser seul, sans amis, sans un secrétaire, sans un domestique, le maître malheureux dont ils avaient voulu partager l'infortune.

Sir Hudson Lowe se montra plus convenable relativement aux dépenses. Il est possible que les domestiques attachés à Napoléon et aux trois familles qui l'avaient suivi ne missent pas grand soin à ménager les finances anglaises, mais, nous le répétons, nous ne comprenons pas qu'en Angleterre quelqu'un ait songé à s'en enquérir. Néanmoins sir Hudson Lowe osa en parler au grand maréchal Bertrand, et chercha du reste à se justifier de telles observations par la production de ses instructions, qui fixaient à 8,000 livres sterling (200,000 francs) la dépense du général Bonaparte. Le grand maréchal Bertrand répondit avec hauteur, qu'il ne savait rien de ce dont le gouverneur venait l'entretenir, qu'ils vivaient tous fort mal, que jamais ils n'avaient songé ni à se plaindre, ni à s'enquérir de ce que coûtait cette triste manière de les faire vivre, qu'ils ne le feraient pas davantage, et surtout ne se permettraient jamais d'en parler à leur maître. Sir Hudson Lowe insista néanmoins, déclarant qu'il lui était impossible d'ordonnancer de telles dépenses. Le grand maréchal confus au dernier point, entretint de ce sujet les principaux membres de la colonie exilée, et il ne put se dispenser d'en faire part à Napoléon. On devine ce que celui-ci dut éprouver de dégoût pour une semblable contestation. Il ordonna sur-le-champ de répondre que, malgré l'obligation imposée aux nations de nourrir leurs prisonniers, la plus pénible à ses yeux des conditions de sa captivité c'était de manger le pain de l'Angleterre ; que son désir avait toujours été de vivre lui et ses amis à ses propres dépens ; qu'il le désirait encore, et que si on lui permettait de communiquer avec l'Europe au moyen de lettres cachetées, il avait une famille et des amis qui ne le laisseraient pas dans l'indigence, et que le gouvernement britannique serait déchargé même des 8,000 livres sterling auxquelles il voulait limiter les dépenses de Longwood. On s'explique sans doute le motif de cette réponse. Bien que les membres de la famille de Napoléon, et notamment sa mère, son oncle, le prince Eugène, fussent en mesure et tout à fait en disposition de pourvoir à ses besoins, il n'aurait pas consenti à recourir à eux, et il aurait puisé dans la caisse de M. Laffitte, où ses fonds étaient déposés, pour subvenir à ses dépenses. Mais il craignait de dévoiler l'existence de ce dépôt, prévoyant qu'il serait séquestré comme tous les biens des Bonaparte en France.

En recevant cette réponse, sir Hudson Lowe déclara qu'il transmettrait les lettres de Napoléon à ses banquiers, mais ouvertes comme l'exigeaient les instructions de lord Bathurst, et il insista pour que la dépense fût réduite, ou que Napoléon y

pourvût de ses deniers. Révolté de ce nouveau genre
de persécution, Napoléon ordonna à l'intendant de
sa maison, Marchand, de choisir dans son argenterie
la partie dont il pourrait se passer, de la faire briser,
pour que l'on ne trafiquât point du mobilier qui
lui avait appartenu, et de l'envoyer à James-Town
afin de payer les fournisseurs. Cette manière de
répondre causa au gouverneur une grande confusion, car les habitants de James-Town apprenant
à quelle extrémité le prisonnier de Longwood était
réduit, furent honteux des procédés de leur gouvernement. Pour atténuer ce sentiment qui s'exprimait très-haut, sir Hudson Lowe fit dire par ses
affidés que Napoléon regorgeait d'argent, et qu'il
pourrait solder sa dépense sans recourir à cette
misère d'apparat. Le récit qui précède a déjà
éclairci les faits. Napoléon avait apporté avec
lui 350 mille francs en or environ, et ses compagnons d'exil en avaient 200 mille à peu près. Il
appelait cela sa réserve, et il ne voulait pas se
priver de cette dernière ressource, sur laquelle il
prenait de temps en temps soit de quoi faire une
aumône, soit de quoi payer un service. Ne voulant
ni toucher à cette somme, qui du reste eût bientôt
disparu, ni fournir une preuve matérielle du dépôt
existant chez M. Laffitte, il fallait bien qu'il eût
recours à son argenterie. Elle était considérable

d'ailleurs, et au delà de ses besoins. Marchand, qui veillait soigneusement à tous les détails de sa maison, avait eu le temps de la prendre à l'Élysée, de l'expédier à Rochefort, et elle pouvait fournir des suppléments en attendant que la rougeur montât au front de sir Hudson Lowe ou de lord Bathurst.

Confus cependant d'élever une telle contestation, sir Hudson Lowe annonça qu'il prendrait sur lui de laisser provisoirement à 12 mille livres sterling (300,000 francs) le crédit fixé à 8 mille par lord Bathurst, et de demander de nouveaux ordres à ce sujet. Les envois d'argenterie cessèrent alors, et cette cause d'ignoble tracasserie disparut. En ce moment un nouvel amiral était venu remplacer l'amiral Cockburn dans le commandement non pas de l'île, mais de la station navale. Ce nouvel amiral était sir Pulteney Malcolm, personnage d'un caractère élevé, et dont la bonté de cœur rayonnait sur un aimable visage. Arrivé à Sainte-Hélène il se fit présenter à Napoléon, en observant toutes les convenances envers l'auguste captif, et dès le premier abord réussit à lui plaire. Sa dignité douce, sa commisération respectueuse, produisirent un effet immédiat sur la nature vive et sensible de Napoléon, et gagnèrent son cœur. Napoléon le traita tout de suite en ami, et devint pour lui aussi doux qu'expansif. Sir Malcolm renouvela fréquemment ses visites, et Napoléon voulut qu'il fût introduit dès qu'il paraîtrait, sans recourir à une étiquette à laquelle il ne tenait que pour se faire respecter de ses gardiens. Sir Malcolm, qui s'était aperçu que l'une des plus grandes souffrances de Napoléon était de manquer d'ombre (car les maigres gommiers composant le bois de Longwood ne lui en procuraient guère), envoya chercher à bord de ses vaisseaux une vaste et belle tente, et la fit dresser par ses matelots tout près des bâtiments de Longwood. Napoléon fut extrêmement touché de cette attention délicate, et vint souvent prendre ses repas ou se livrer au travail sous la tente de sir Malcolm. Celui-ci, ne négligeant aucun moyen d'adoucir le sort des exilés, crut qu'une manière certaine d'y contribuer serait d'opérer un rapprochement entre Napoléon et sir Hudson Lowe, et d'améliorer ainsi non pas les instructions de lord Bathurst, mais au moins leur exécution. Il en parla à Napoléon, lui dit que les instructions de lord Bathurst étaient effectivement peu convenables, que sir Hudson Lowe, obligé de s'y conformer, n'avait pas été maître d'épargner certaines tracasseries aux habitants de Longwood; qu'il n'était ni méchant, ni malintentionné, qu'il partageait avec le gouvernement britannique et tous les gouvernements européens la terreur d'une évasion semblable à celle de l'île d'Elbe ; qu'il perdait l'esprit à cette seule pensée, qu'il fallait le lui pardonner, qu'en le voyant, en l'accueillant bien, en s'expliquant franchement avec lui, on le rassurerait, on l'adoucirait, et qu'il en résulterait des rapports meilleurs, une vie moins tourmentée pour les habitants de Longwood. — Vous vous trompez, répondit Napoléon à l'obligeant médiateur. Je me connais en fait d'hommes, et la figure de sir Hudson ne peut être que l'expression d'un mauvais cœur. Je me connais aussi en fait d'évasion, mais je ne songe à aucune entreprise de ce genre, par deux raisons : parce qu'une évasion est impossible, et parce qu'elle ne me conduirait à rien. Il n'y a plus de place pour moi dans le monde, et je ne puis aspirer qu'à finir ici ma vie, qui ne saurait être longue, et à m'occuper de consigner quelques souvenirs pour l'édification de la postérité. Si je fais perdre la raison à mes ennemis, je ne la perds pas aussi facilement qu'eux, et je ne cherche pas à me dérober à leur main de fer, mais à leurs outrages. Qu'on me laisse mourir sans m'offenser, je ne demande pas davantage à vos compatriotes. Je ne gagnerai rien à une nouvelle entrevue avec sir Hudson Lowe. Tout maître de moi que je suis lorsqu'il le faut, l'aspect de cet homme révolte mes yeux, excite ma langue, et je ne pourrais l'admettre en ma présence sans inconvénient. — Sir Malcolm ne se découragea point, et insista pour que Napoléon reçût sir Hudson Lowe, qui désirait le voir, et sollicitait cette faveur avec un désir sincère de conciliation.

Napoléon se rendit à des instances dont l'intention était si amicale, et consentit à recevoir le gouverneur, mais en présence de sir Malcolm, afin qu'il y eût un témoin de l'entrevue. Sir Hudson Lowe arriva en effet à Longwood accompagné de l'amiral, et se présentant avec un certain embarras à son fier prisonnier. Napoléon l'accueillit poliment et le laissa s'étendre en explications justificatives sur les procédés dont on se plaignait à Longwood. Il répondit d'abord sans amertume et d'un ton presque conciliant; mais la question des dépenses, qui était récente et plutôt abandonnée que résolue, ayant été maladroitement soulevée par le gouverneur, il cessa de se modérer, et éclata sur-le-champ en propos d'une extrême dureté. — Je suis étonné, monsieur, lui dit-il, que vous osiez aborder avec moi un sujet pareil. Je ne suis pas accoutumé à m'occuper de ce qui se passe dans mes cuisines. S'il vous convient d'y regarder, faites-le, et ne m'en parlez point. Si je n'avais ici des femmes, des enfants, condamnés comme moi à un lointain exil, je serais allé m'asseoir à la

table des officiers du 53e, et ces braves gens n'auraient pas refusé de partager leur repas avec l'un
des plus vieux soldats de l'Europe. Mais j'ai ici à
nourrir plusieurs familles qui sont aussi impa-
tientes que moi de ne plus rien devoir à l'indigne
gouvernement qui nous opprime. Que je puisse
écrire en Europe sans être obligé de vous prendre
pour confident, et ma famille, la France elle-
même, ne laisseront manquer de pain ni moi, ni
les amis qui ont bien voulu s'associer à mes malheurs. — Après ces paroles, Napoléon, emporté
par la colère, permit à peine au gouverneur de
proférer quelques mots, puis, s'adressant à l'amiral seul, ne parlant de sir Hudson Lowe qu'à la
troisième personne, il eut le tort de se laisser aller
à de véritables outrages. L'amiral cherchant à
excuser les procédés du gouverneur par ses instructions, Napoléon répondit qu'il y avait des missions que les gens d'honneur n'acceptaient point,
que d'ailleurs sir Hudson Lowe n'était pas un vrai
militaire, et qu'il avait plus souvent tenu la plume
de l'officier d'état-major que l'épée du soldat. —
A ces derniers mots, sir Hudson Lowe, qui eut le
mérite de se contenir et de respecter dans son prisonnier la plus grande infortune du siècle, le
quitta en frémissant, et en déclarant qu'il ne re-
mettrait plus les pieds à Longwood.

A peine était-il sorti que Napoléon, honteux d'avoir été si peu maître de lui, s'excusa auprès de sir Pulteney Malcolm, dit qu'il ne se serait point livré à de tels emportements si le gouverneur n'avait commis la maladresse de parler de cette ignoble affaire des dépenses, qu'il s'attendait bien que l'entrevue tournerait mal, que la figure de sir Hudson Lowe produisait sur lui une impression qu'il ne pouvait pas dominer, qu'il avait eu tort, qu'il le reconnaissait, et il ajouta cette parole, qui corrigeait sa faute : Je n'ai qu'une excuse, monsieur l'amiral, une seule, c'est de n'être plus aux Tuileries. Je ne me pardonnerais pas l'outrage que j'ai fait à sir Hudson Lowe, si je n'étais dans ses fers.

Après ces agitations qui remplirent une partie de l'année 1816, la vie de Napoléon rentra dans la monotonie dont elle ne devait guère s'écarter jusqu'à sa mort, et qui n'était interrompue quelquefois que par des souffrances. Ses habitudes étaient toujours les mêmes. N'ayant qu'un sommeil fréquemment interrompu, surtout quand il s'était couché de bonne heure faute de pouvoir occuper ses soirées, il se levait, lisait, dictait s'il avait Marchand à portée, se recouchait en changeant de lit, cherchait ainsi le sommeil qui le fuyait, montait à cheval dès que le soleil éclairait le plateau de Longwood, et recommençait à tourner dans ce qu'il appelait *le cercle de son enfer*. Cette promenade constamment répétée lui devenait chaque jour plus désagréable, car pour en franchir les limites il aurait fallu traîner après lui le malheureux officier attaché à sa garde. Le plaisir même qu'il avait à entretenir quelques voisins, tels que le vieux nègre qui cultivait un champ près de lui, la veuve et ses deux filles qui lui apportaient des fleurs, était gâté par la crainte de les compromettre en excitant l'ombrageuse défiance du gouverneur. A peine osait-il faire un peu de bien autour de lui, de peur de passer pour préparer les complices d'une évasion chimérique. Ces gênes agissant sur une organisation irritable, qui ne savait se dominer que dans les grands dangers, le condamnaient à une vraie torture. —Ah, disait-il à M. de Las Cases, que ne sommes-nous libres aux bords de l'Ohio ou du Mississipi, entourés de nos familles et de quelques amis!... Sentez-vous quel plaisir nous aurions à parcourir sans fin et de toute la vitesse de nos chevaux ces vastes forêts d'Amérique? Mais ici, sur ce rocher, *c'est à peine s'il y a de quoi faire un temps de galop.* — Puis rentrant au moment où les rayons du soleil tropical brûlaient son front, il se réfugiait sous la tente de sir Malcolm; mais sous cette ombre sans charme,

un chêne! un chêne! s'écriait-il, et il demandait
avec passion qu'on lui rendît le feuillage de ce bel
arbre de France!.., — Revenu de sa promenade à
cheval, Napoléon se remettait au lit, tâchait de
retrouver grâce à la fatigue un complément de
sommeil, puis se baignait longuement, habitude
qui lui devint bientôt funeste en l'affaiblissant,
mais qui lui plaisait, parce qu'elle diminuait une
douleur au côté qu'il éprouvait dès lors, et qui
était le premier signe de la maladie dont il devait
mourir. Ensuite il travaillait, lisait, dictait, repre-
nait en un mot les occupations que nous avons
déjà décrites, et finissait la journée avec ses amis,
en faisant des lectures en commun, ou en continuant les récits de sa vie toujours écoutés avec la
même avidité. Et ces journées n'étaient pas les
plus tristes de sa cruelle existence, cruelle pour
tout homme, mais particulièrement pour celui qui
avait passé sa vie à remuer le monde. Il y avait
des jours, et c'étaient les plus fréquents, où soufflait le vent du Cap, vent sec, aigre, agissant d'une
manière douloureuse sur le système nerveux, cou-
chant vers la terre plantes et arbres, empêchant
même l'herbe de pousser, de façon que sur ce rocher, entouré des brouillards de l'Océan, on était
tour à tour plongé dans une humidité pénétrante,
ou placé dans un courant d'air continu et dévo-

rant. Quand ce vent régnait, Napoléon se renfermait, ne prenait plus l'air, tombait dans une profonde tristesse, et se demandait si en lui assignant cet affreux séjour on n'avait pas eu l'intention perfide d'abréger sa vie. En apprenant surtout que près de lui se trouvait, dans une vallée fraîche et bien abritée, l'agréable château de Plantation-House, il se confirmait dans cette amère persuasion. — Si on voulait ma mort, disait-il, pourquoi ne pas me traiter comme Ney? une balle dans la tête y eût suffi. Mais l'Europe est aussi haineuse que l'émigration, et elle n'a pas le même courage. Elle n'aurait pas osé me tuer, et elle ose me faire mourir lentement...—Napoléon se trompait : l'Europe voulait avant tout le garder, et dans cette préoccupation elle ne cherchait guère à savoir si les précautions prises pour assurer sa garde étaient conciliables avec l'intérêt de sa santé. Elle n'y songeait même pas, et laissait ce soin à l'Angleterre qui n'y songeait pas davantage, et s'en remettait à un ministre anglais, lequel s'en remettait à un subalterne, tour à tour effrayé de sa responsabilité ou irrité par les offenses de ses prisonniers. Lord Bathurst, comme nous l'avons dit, avait eu l'insouciance coupable de ne pas exiger de la Compagnie des Indes l'abandon de Plantation-House, et sir Hudson Lowe n'avait pas la délicatesse de

l'offrir, aimant mieux le garder pour sa famille[1].
Il y avait donc en tout cela des motifs moins pervers, mais plus bas peut-être que ceux que supposait Napoléon. On ne voulait pas l'assassiner,
mais on le laissait tuer peu à peu par des subalternes, faute de penser à lui autrement que pour
en avoir peur.

Sir Hudson Lowe avait apporté avec lui du bois
pour construire une nouvelle habitation, des meu-
bles, des livres. Ce n'étaient pas des bois, mais
de solides matériaux qu'il aurait fallu pour se garantir contre une température tour à tour humide
ou brûlante. Napoléon repoussa tout ce qu'on lui
offrit, excepté les livres, et en déplorant le triste
choix qu'on avait fait, il en prit un certain nombre
qu'il dévorait, et qui devenaient le soir le sujet de
ses entretiens. Les soirées de Longwood, quoique
si tristes, étaient, pour ainsi dire, tout illuminées
de son esprit. C'étaient tantôt des conversations
piquantes, presque gaies (rarement toutefois),
tantôt des entretiens élevés, même sublimes, et

[1] Nous ne calomnions pas ici sir Hudson Lowe, qui dans une
de ses dépêches dit que s'il y avait eu dans l'île une habitation
convenable pour lui et sa famille, il se serait empressé de céder
Plantation-House à Napoléon. C'est l'aveu qu'il faisait passer
ses commodités personnelles avant celles de son prisonnier, qui
certes aurait bien dû mériter la préférence sur le général Lowe
et même sur sa famille, quelque intéressante qu'elle fût.

malheureusement fort au-dessus de ses auditeurs, sur l'histoire, la guerre, les sciences et les lettres. Parfois il jouait avec les enfants de madame Bertrand et de madame de Montholon, leur faisait réciter des fables de la Fontaine, regrettait qu'il y eût dans cette lecture tant de profondeurs perdues pour eux, puis trouvant toujours l'argument qui convenait à chaque sujet, à chaque interlocuteur, adressait à ces enfants les raisonnements les plus capables de les persuader. L'un des fils de madame de Montholon se plaignant qu'on l'obligeât à travailler tous les jours, Napoléon lui disait : Mon ami, manges-tu tous les jours? — Oui, Sire. — Eh bien, puisque tu manges tous les jours, il faut travailler tous les jours. — Puis laissant les enfants, son génie s'envolait sur les plus hauts sommets de la politique et de la philosophie.

Parmi les livres apportés à Sainte-Hélène on avait compris des pamphlets du temps, qu'on avait supposés propres à l'intéresser. Il y en avait contre lui, il y en avait aussi contre ses adversaires. Dans le nombre se trouvait le *Dictionnaire des girouettes*, qui, après 1815, obtint un grand succès, parce qu'il stigmatisait la mobilité des contemporains, si pressés de passer d'un gouvernement à l'autre afin de conserver leurs positions. Ce livre, écrit par des adversaires des Bourbons, plaisait naturellement à de pauvres exilés voyant avec une vive satisfaction qu'on châtiât ceux qui, au lieu d'être comme eux sur le rocher de Sainte-Hélène, remplissaient les salons des Tuileries, occupés à désavouer l'usurpation qu'ils avaient servie, et à célébrer la légitimité qu'ils avaient combattue. Napoléon sourit le premier jour, puis n'y tenant plus, saisit le livre et le jeta de côté. — C'est un livre détestable, s'écria-t-il, avilissant pour la France, avilissant pour l'humanité! S'il était vrai, la Révolution française qui a cependant inauguré les plus généreux principes, n'aurait fait de nous tous, nobles, bourgeois, peuple, qu'une troupe de misérables. Tout cela est faux et injuste. Prenez les guerres de religion en France, en Angleterre, en Allemagne, vous y trouverez de ces changements intéressés, en aussi grand nombre et par d'aussi petits motifs. Henri IV en a vu autant que moi et que Louis XVIII. La Fronde en a offert bien d'autres, et certes la France qui, quelques années après, gagnait les batailles de Rocroy et des Dunes, qui produisait *Polyeucte, Athalie*, les *Oraisons funèbres* de Bossuet, n'était point avilie. Gardez-vous du vulgaire plaisir qu'on goûte en voyant ses adversaires châtiés, car soyez assurés que l'arme qu'on emploie est une arme à double tranchant, et qui peut se retourner contre vous...

— Et comme on disait à Napoléon que ces hommes qu'il voulait excuser l'avaient trahi, Non, répondait-il, ils ne m'ont point *trahi*, ils m'ont *abandonné*, et c'est bien différent. Il y a moins de traîtres que vous ne croyez, et il y a en revanche quantité de gens faibles, vaincus par les circonstances cent fois plus fortes qu'eux... — Napoléon comprenait, sans le dire, que ces hommes, épuisés par l'abus qu'il avait fait de leurs forces, avaient fini par succomber à la fatigue, et par aller chercher sous de nouveaux maîtres le prix des services très-réels qu'ils avaient rendus à la France. — Fouché, ajoutait Napoléon, est le seul vrai traître que j'aie rencontré. Marmont lui-même, le malheureux Marmont, qui m'a fait plus de mal que Fouché, n'était pas un traître. La vanité, l'espérance d'un grand rôle, l'ont séduit, et il a cru en m'abandonnant, en m'ôtant les moyens d'accabler la coalition dans Paris, sauver la France d'une affreuse catastrophe. Mais il ne m'a pas trahi comme Fouché. — Ses auditeurs, étonnés de tant d'indulgence, demandaient à Napoléon comment en 1815, reconnaissant que Fouché le trahissait, il l'avait laissé faire. — La question ne dépendait pas, répondait-il, de la conduite d'un homme, quelque important qu'il fût. Elle dépendait d'une bataille gagnée ou perdue, et si avant cette épreuve

décisive j'avais fait un éclat tel que de mettre
Fouché en accusation, j'aurais ébranlé mon gouvernement. Je devais patienter, attendre, en laissant voir à Fouché que j'avais les yeux ouverts. Il
s'est vengé de mon indulgence méprisante, mais
après Waterloo, même sans un homme aussi dangereux que Fouché, j'étais perdu... Les traîtres,
répétait Napoléon, sont plus rares que vous ne
le croyez. Les grands vices, les grandes vertus,
sont des exceptions. La masse des hommes est
faible, mobile parce qu'elle est faible, cherche
fortune où elle peut, fait son bien sans vouloir
faire le mal d'autrui, et mérite plus de compassion
que de haine. Il faut la prendre comme elle est,
s'en servir telle quelle, et chercher à l'élever si
on le peut. Mais soyez-en sûrs, ce n'est pas en
l'accablant de mépris qu'on parvient à la relever.
Au contraire il faut lui persuader qu'elle vaut
mieux qu'elle ne vaut, si on veut en obtenir tout
le bien dont elle est capable. A l'armée, on dit à
des poltrons qu'ils sont des braves, et on les amène
ainsi à le devenir. En toutes choses il faut traiter
les hommes de la sorte, et leur supposer les vertus
qu'on veut leur inspirer... —

Ce sujet conduisait Napoléon à un autre, sur
lequel il déployait la même philosophie pratique,
et la même élévation de vues. — C'est faiblesse,

et non pas profondeur, disait-il, que de se trop
méfier des hommes. On arrive ainsi à douter de
tous, à ne plus savoir de qui se servir, et on perd
souvent des instruments fort utiles. Ajoutez que
si on aperçoit chez vous cette disposition, chacun
cherche à l'exciter à son profit. Si j'avais écouté,
disait-il, les discours de mes serviteurs, je n'aurais vu que des lâches à l'armée, ou des infidèles à
l'intérieur. Ici même, mes amis, vous êtes bien
peu nombreux, bien obligés de vous sourire mutuellement, eh bien, je ne vous en crois pas quand
vous parlez de l'un d'entre vous, et j'ai raison.
(Napoléon faisait allusion à certaines divisions nais-
santes, qui commençaient à troubler son repos.)
Non, continuait-il, il ne faut jamais en croire les
hommes les uns sur les autres. Lannes est mort
pour moi en héros, et souvent il tenait des propos
tels qu'il aurait fallu, si je les avais pris au sérieux,
le poursuivre comme coupable de haute trahison...
C'est là ce qui, après une longue expérience, m'a
porté à considérer la violation du secret des lettres
comme inutile et dangereuse. Ce qu'on trouve dans
les correspondances, ce ne sont pas les conspira-
tions, car personne ne conspire par la poste, ce
sont les propos de l'oisiveté, de la rancune, de
la malveillance. Qui voudrait entendre sur son
compte tous les propos de ses amis, même les

meilleurs? Bien fou, bien imprudent, serait celui qui ferait un pareil essai, quand même il le pourrait. Il prendrait en haine ses amis les plus vrais. Nous sommes en effet si légers, quand il s'agit de parler les uns des autres! Eh bien, si on apprend les propos qui ont été tenus, on en veut mortellement à des gens auxquels souvent il ne faudrait vouloir que du bien. Lire les lettres, c'est assister aux conversations de tout le monde, et il en résulte des préventions, des injustices, qui sont un mal non pour les autres, mais pour soi. Gouvernement, on se prive d'instruments précieux; simple individu, on convertit en inimitiés sérieuses des amitiés, légères sans doute dans leur langage, mais sincères dans leur attachement. Mieux vaut ne pas savoir tout ce qui se dit, car quelque force qu'on ait, il y a des propos qu'on a de la peine à pardonner, et le moyen le plus sûr de les pardonner, c'est de les ignorer. —

Une autre fois, prenant en main quelques-uns des horribles pamphlets publiés contre lui en Angleterre, Napoléon parcourait la série des grandes calomnies dont il avait été l'objet. — A entendre mes ennemis, disait-il, c'était moi qui avais assassiné Kléber en Égypte, brûlé la cervelle à Desaix à Marengo, étranglé Pichegru dans son cachot... Kléber, s'écriait-il, Desaix, Pichegru!... Je faisais un cas immense de Kléber malgré ses défauts. Il aimait beaucoup trop les plaisirs, et avait quelquefois un dangereux laisser-aller, mais il était passionné pour la gloire des armes, et sur le champ de bataille il se montrait homme de guerre du premier ordre. Sa mort m'a fait perdre l'Égypte, et je l'aurais assassiné!... Desaix était un ange, c'est l'homme qui m'a le plus aimé et que j'ai le plus aimé. Son arrivée a sauvé la bataille de Marengo, et je l'aurais frappé au moment d'un service qui m'en promettait tant d'autres!... Pichegru était peut-être le mieux doué des généraux de la République sous le rapport de l'intelligence. Il avait été l'un de mes maîtres à Brienne, et j'en avais conservé un tel souvenir, que jamais je n'ai pu me défendre à son égard d'un sentiment de profonde commisération. Pourtant il avait commis à la tête de son armée des actes criminels, pour lesquels Moreau l'avait dénoncé. Ah! le malheureux, il s'était fait assez de tort à lui-même sans que j'eusse à m'en mêler, et c'est parce qu'il le sentait qu'il avait voulu détruire sa personne, après avoir détruit sa gloire. Eh bien, c'est moi qui les avais frappés tous les trois!... Le trait essentiel de la calomnie ce n'est pas seulement d'être méchante, c'est d'être absurde. La méchanceté est une passion si violente qu'elle aboutit bien vite à la stupidité. Quand on est jeune, ardent, fier, on bondit en apprenant ce qu'elle dit, et on se révolte. Avec le temps on s'y fait, et on ne souhaite plus qu'une chose, c'est que la calomnie dépasse toutes les bornes, car alors c'est elle qui vous justifie, et vous venge! — Napoléon prenait un à un les actes les plus défigurés de sa vie, notamment le prétendu empoisonnement des pestiférés de Jaffa, et les réduisait à la vérité. Pour ce qui s'était passé à Jaffa, il disait que forcé de battre en retraite, et ne pouvant emmener, sans donner la peste à l'armée, une vingtaine de pestiférés dont les Arabes allaient couper la tête, il avait dit à Desgenettes qu'il serait peut-être plus humain de leur administrer de l'opium, à quoi celui-ci avait spirituellement répondu *que son métier était de les guérir, non de les tuer*. Mais il ajoutait que presque tous étaient morts avant qu'on eût décampé, que cinq ou six au plus étaient restés, lesquels n'avaient point avalé d'opium, et que les propos indignes colportés à ce sujet avaient été l'œuvre d'un infirmier chassé de l'armée pour avoir fraudé des médicaments.

Napoléon traitait donc avec une hautaine tranquillité ces atroces calomnies. Il était un sujet, on le devine, sur lequel il se montrait aussi hautain mais moins tranquille, c'était la catastrophe de

Vincennes. Il en parlait moins, mais il en parlait,
et on sentait qu'il se roidissait contre ce souvenir.
A la différence de tous ceux qui avaient contribué
à ce déplorable événement, il ne niait rien, et
avouait tout. — Les princes de Bourbon, disait-il,
en voulaient à ma vie, et il est hors de doute,
pour quiconque a lu le procès de Georges, que
plusieurs d'entre eux avaient le secret des projets
d'assassinat formés contre ma personne. Le duc
d'Enghien, placé à une lieue de la frontière,
attendait au moins le renouvellement des hostilités
pour reprendre les armes contre la France, et à
tous les titres, d'après les lois de tous les temps,
il méritait le châtiment que je lui ai infligé. *Mon
sang après tout n'était pas de boue*, et j'avais bien le
droit de le défendre contre ceux qui voulaient le
verser, surtout lorsque dans ma personne je dé-
fendais la France, son repos, sa prospérité, sa
gloire! J'ai frappé, on m'en avait donné le droit,
et je le ferais encore! —

En s'exprimant avec cette véhémence, Napoléon
décelait lui-même le trouble de sa conscience. Son
droit de se défendre étant admis (et jamais en effet
on ne défendit sur les trônes de la terre plus noble
tête que la sienne), il oubliait qu'il fallait se défendre selon les lois; que le duc d'Enghien fut
saisi sur le territoire étranger, que transporté de

vive force sur le territoire français, les lois furent
violées à son égard de plus d'une manière, dans
les formes suivies par la commission, et surtout
dans l'exécution immédiate; que même lorsque la
loi vous a régulièrement livré un ennemi, il reste
à consulter la politique, qui conseille souvent l'indulgence, et qu'en ce genre tout ce qu'elle conseille
elle le commande, car il faut non-seulement l'excuse de la légalité, il faut aussi celle de la nécessité pour laisser couler le sang humain; que la
mort du duc d'Enghien, loin de servir le gouvernement consulaire, lui causa un tort incalculable
en contribuant à l'engager envers l'Europe dans
des voies de violence; qu'enfin dans ces occasions,
la considération des personnes est de grande importance aussi, et que pour le vainqueur de Rivoli,
le descendant du vainqueur de Rocroy aurait dû
être sacré.

Passant vivement sur ce sujet, Napoléon aimait
à considérer l'ensemble de son règne, et il disait
qu'en consultant les annales du monde, en prenant
l'histoire des fondateurs de dynasties, on n'en
trouvait pas de plus innocent que lui. Effectivement il n'en est pas à qui l'histoire ait moins à
reprocher, sous le rapport des moyens employés
pour écarter des parents ou des rivaux, et il est
certain qu'excepté les champs de bataille, où l'ef-

fusion du sang humain fut immense, personne n'avait moins versé de sang que lui, ce qui était dû à son caractère personnel, et surtout aux mœurs de son temps. Se comparant à Cromwell, Je suis monté, disait-il souvent, sur un trône vide, et je n'ai rien fait pour le rendre vacant. Je n'y suis arrivé que porté par l'enthousiasme et la reconnaissance de mes contemporains. — Cette assertion était rigoureusement vraie. Pourtant de ce trône, où il avait été porté par une admiration si unanime, Napoléon était tombé avec autant d'éclat qu'il y était monté. Certes la trahison, qu'il niait lui-même, ne pouvait être une explication de cette chute; il fallait la chercher dans ses fautes, et sur ces fautes il était quelquefois sincère, quelquefois sophistique, selon que les aveux à faire coûtaient plus ou moins à son orgueil. Suivant la loi commune, là où il manquait d'excuses, il s'efforçait d'en trouver dans des subtilités ou des inexactitudes de fait, dont il prenait l'habitude, sans qu'on pût démêler s'il y croyait ou n'y croyait pas.

Nous avons, en racontant la chute de l'Empire en 1814, présenté le tableau résumé des fautes qui avaient amené cette chute, et qui selon nous se réduisaient à six. Elles avaient consisté,

La première, à sortir en 1803 de la politique forte et modérée du Consulat, à rompre la paix d'Amiens, et à se jeter sur l'Angleterre, qu'il était si difficile d'atteindre;

La seconde, après avoir soumis le continent en trois batailles, Austerlitz, Iéna, Friedland, à n'être pas rentré en 1807 dans la politique modérée, et au lieu de chercher à réduire l'Angleterre par l'union du continent contre elle, à profiter au contraire de l'occasion pour essayer la monarchie universelle;

La troisième, à faire reposer à Tilsit cette monarchie universelle sur la complicité intéressée de la Russie, complicité qui ne pouvait être durable que si elle était payée par l'abandon de Constantinople;

La quatrième, à s'enfoncer en Espagne, gouffre sans fond où étaient allées s'abîmer toutes nos forces;

La cinquième, à ne pas essayer de venir à bout de cette guerre par la persévérance, et à chercher en Russie la solution qu'on ne trouvait pas dans la Péninsule, ce qui avait amené la catastrophe inouïe de Moscou;

La sixième enfin et la plus funeste, après avoir ramené à Lutzen et à Bautzen la victoire sous nos drapeaux, à refuser la paix de Prague, qui nous aurait laissé une étendue de territoire bien supérieure à celle que la politique permettait d'espérer et de désirer.

Il est inutile de dire que dans les profonds ennuis
de sa captivité, Napoléon reproduisant ses souvenirs à mesure que les hasards de la conversation
les réveillaient, ne discutait pas méthodiquement
les actes principaux de son règne, comme nous
avons essayé de le faire. Il touchait tantôt à un
sujet, tantôt à un autre, cherchant d'autant plus
à s'excuser qu'il était moins excusable.

Quant à ses emportements envers l'Angleterre
et à la rupture de la paix d'Amiens, il disait que
la fameuse scène à lord Whitworth avait été fort
exagérée, et que le refus du ministère britannique
d'évacuer Malte était intolérable, oubliant que par
l'ensemble de ses actes il avait créé une situation
menaçante, dont les Anglais avaient profité pour
ne pas évacuer cette île. Il affirmait que le projet
de descente avait été sérieux, et que ses combinaisons navales étaient telles, que sans la faute
d'un amiral il aurait triomphé de l'Angleterre. Il
est incontestable, en effet, que jamais combinaisons plus profondes ni plus vastes ne furent ima-
ginées, et que si l'amiral Villeneuve avait paru dans
la Manche, cent cinquante mille Français auraient
franchi le détroit! Que serait-il arrivé, lorsque,
après avoir gagné en Angleterre une bataille d'Austerlitz, Napoléon se serait trouvé maître de Londres comme il le fut plus tard de Vienne et de

Berlin? La fière aristocratie anglaise aurait-elle plié sous ce coup terrible, ou bien aurait-elle essayé de prolonger la lutte contre son vainqueur prisonnier en quelque sorte dans sa propre conquête? On n'en sait rien. Mais c'était une terrible manière de jouer sa grandeur et celle de la France, que de la risquer dans de pareils hasards!

Quant à la monarchie universelle, qu'il avait essayé d'établir lorsque ne pouvant venir à bout de l'Angleterre il s'était jeté sur le continent, Napoléon n'en fournissait pas une raison valable. Cette monarchie universelle, il ne la voulait, disait-il, que temporaire; c'était une dictature au dehors, comme la dictature au dedans que la France lui avait conférée, et qu'il aurait déposée avec le temps. — D'abord si la France en 1800 demandait un bras puissant pour la sauver de l'anarchie, l'Europe ne désirait rien de semblable. Ce dont elle voulait être préservée, c'était de l'ambition du nouveau chef qui gouvernait alors la France, et le lui donner pour dictateur, c'était tout simplement lui donner ce qu'elle craignait le plus, c'était pour remède à son mal lui donner le mal lui-même. Il n'y avait donc aucune vérité à vouloir déduire de la dictature au dedans la dictature au dehors. Il aurait fallu en tous cas la rendre courte pour la rendre tolérable, il aurait fallu par ses actes prouver aux peuples qu'on l'exerçait dans leur intérêt, et leur faire du bien au lieu de les accabler de maux, au point de les amener tous à se soulever en 1813 pour combattre et détruire cette dictature européenne.

Sur cette chimère de la monarchie universelle, Napoléon disait encore que toujours on l'avait attaqué, et qu'obligé sans cesse de se défendre il était devenu maître de l'Europe presque malgré lui : fausse assertion souvent répétée par les adulateurs de sa mémoire et de son système. Il est vrai que les puissances européennes, sous l'oppression qu'elles subissaient, n'attendaient qu'un moment pour se révolter; mais cette disposition à la révolte n'était que le résultat de l'oppression même, et, au surplus, elles étaient si accablées après Tilsit, que sans la guerre d'Espagne l'Autriche n'aurait pas essayé la fameuse levée de boucliers de 1809, et qu'après la victoire de Wagram, si Napoléon n'avait pas entrepris la guerre de Russie, personne n'eût osé lever la main contre lui.

Il était plus sincère sur la troisième faute, la guerre d'Espagne. — La guerre d'Espagne, disait-il, avait compromis la moralité de son gouvernement, divisé et usé ses forces. — Lui seul pouvait dire si bien et si complétement. Oui, l'événement de Bayonne avait paru une noire perfidie; la guerre d'Espagne avait attiré au midi les armées dont il aurait eu besoin au nord, et après avoir divisé ses forces les avait usées par l'acharnement de la lutte. Mais comment était-il si sincère sur ce point en l'étant si peu sur d'autres? C'était peut-être l'évidence de la faute, et peut-être aussi la nature des excuses qu'il trouvait à donner. — En ayant, disait-il, fondé en France la *quatrième dynastie,* il ne pouvait souffrir en Espagne les Bourbons, que leur situation destinait presque inévitablement à être les complices de l'Angleterre. — Cette raison était assurément d'un certain poids; mais si, au lieu de hâter la solution par un attentat, Napoléon l'eût attendue de l'incapacité des Bourbons et de la popularité prodigieuse dont il jouissait en Espagne, il eût été probablement appelé par les Espagnols eux-mêmes à ranger les deux trônes sous une seule influence. C'était donc une faute d'impatience (genre de faute que son caractère le portait si souvent à commettre), et cette excuse de la guerre d'Espagne, qui lui semblait assez bonne pour qu'il osât avouer son erreur, ne valait guère mieux que la plupart de celles qu'il donnait pour pallier les torts de sa politique.

Quant à la faute de n'avoir pas essayé de triompher des Espagnols par la persévérance, et d'être allé chercher en Russie une solution qu'il ne trouvait pas en Espagne même, il était assez sincère aussi, et à cette occasion il faisait un singulier aveu. — En réalité, disait-il, Alexandre ne désirait pas la guerre; je ne la désirais pas non plus, et une fois sur le Niémen, nous étions comme *deux bravaches,* qui n'auraient pas mieux demandé que de voir quelqu'un se jeter entre eux pour les séparer. Mais un grand ministre des affaires étrangères m'avait manqué à cette époque. Si j'avais eu M. de Talleyrand, par exemple, la guerre de Russie n'aurait pas eu lieu...— Napoléon disait vrai, mais il faisait là un aveu que doivent bien méditer les ministres servant un maître engagé sur une pente dangereuse, et n'ayant pas le courage de l'y arrêter.

Quant à la campagne elle-même, il en attribuait la funeste issue à l'incendie de Moscou. — Il y avait à Moscou, disait-il, des vivres pour nourrir toute une armée pendant plus de six mois. Si j'avais hiverné là, j'aurais été *comme le vaisseau pris dans les glaces, lequel recouvre la liberté de ses mouvements au retour du soleil.* Je me serais trouvé entier au printemps, et si les Russes avaient reçu des renforts, j'en aurais reçu de mon côté; et de même qu'en 1807, après avoir essuyé la journée d'Eylau en février, j'avais rencontré celle de Friedland en juin, j'aurais pu remporter quelque brillant avantage au retour de la belle saison, et terminer la campagne de 1812 aussi heureusement que celle de 1807. — Ces raisons assurément avaient quelque valeur, mais on peut répondre que si l'infanterie de l'armée eût pu vivre à Moscou, la cavalerie et l'artillerie auraient manqué de fourrages, que si les renforts avaient pu arriver jusqu'à Osterode en 1807, il n'était pas aussi facile de les amener jusqu'à Moscou, et qu'enfin l'armée de 1812 n'avait plus les solides qualités de celle de 1807.

Quant à la dernière des fautes graves du règne, celle d'avoir refusé la paix de Prague, Napoléon ne disait rien de plausible, ni même de spécieux. Il répétait cette raison banale que l'Autriche n'était pas de bonne foi, et qu'en ayant l'air de traiter à Prague elle était secrètement engagée avec les puissances coalisées, allégation fausse et que les documents les plus authentiques réfutent complétement. Si en effet l'Autriche n'avait pas été de bonne foi à Prague, il y avait un moyen de la confondre, c'était d'accepter ses conditions, qui consistaient à nous laisser la Westphalie, la Hollande, le Piémont, Florence, Rome, Naples, c'est-à-dire deux fois plus que nous ne devions désirer, et à

nous refuser seulement Lubeck, Hambourg, dont
nous n'avions que faire, la Sicile, que nous
n'avions jamais eue, l'Espagne, que nous avions
perdue. Si, ces conditions acceptées, elle nous
avait manqué de parole, alors on l'eût convaincue
de mensonge, et on aurait eu l'opinion générale
pour soi. Mais en fait il est constant qu'elle eût
accepté avec joie notre adhésion, car elle n'en-
treprenait la guerre qu'en tremblant, et elle avait
même formellement refusé de s'engager avec les
coalisés avant l'expiration du délai fatal assigné à
la médiation. Napoléon n'aimait pas à s'étendre
sur ce sujet, pénible pour son amour-propre, car
il s'était lourdement trompé en cette occasion, et
avait cru qu'il faisait tellement peur à l'Autriche
que jamais elle n'oserait se décider contre lui. Il
lui faisait peur assurément, et beaucoup, mais non
jusqu'à paralyser son jugement, et à l'empêcher
de prendre un parti dicté par ses intérêts les plus
évidents. Pour écarter ce reproche il disait que
son mariage l'avait perdu en lui inspirant une confiance funeste à l'égard de l'Autriche, excuse peu
digne, et fausse d'ailleurs, car M. de Metternich
avait eu soin de lui répéter sans cesse que le mariage avait dans les conseils de la cour de Vienne
un certain poids, mais un poids limité, et n'em-
pêcherait pas de lui déclarer la guerre s'il n'ac-

ceptait pas les conditions proposées à Prague, lesquelles après tout n'avaient qu'un inconvénient,
c'était d'être trop belles pour nous.

Ainsi raisonnait Napoléon sur les événements
de son règne, sincère, comme on le voit, sur les
points où son amour-propre trouvait des excuses
spécieuses, sophistique sur les points où il n'en
trouvait pas, sentant bien ses fautes sans le dire,
et comptant sur l'immensité de sa gloire pour le
soutenir auprès des âges futurs, comme elle l'avait
déjà soutenu auprès des contemporains.

Il s'expliquait plus volontiers et avec plus de
confiance sur tout ce qui concernait le gouvernement intérieur de l'Empire. Là, il se présentait
avec raison comme un grand organisateur, qui,
prenant en 1800 l'ancienne société brisée par le
marteau de la Révolution, avait de ses débris re-
composé la société moderne. Il n'avait pas de peine
à démontrer pourquoi il avait cherché à fondre
ensemble les diverses classes de la France violem-
ment divisées, à rappeler l'ancienne noblesse, à
élever jusqu'à elle la bourgeoisie, en donnant à
celle-ci des titres mérités par de grands services,
et à offrir ainsi à l'Europe une société puissante,
rajeunie et digne d'entrer en relation avec elle.
Seulement en tâchant de rendre la France présen-
table à l'Europe, pour rétablir avec celle-ci des

relations pacifiques, il n'aurait pas fallu faire vivre cette malheureuse Europe dans des terreurs continuelles. Sur tous ces points du reste Napoléon parlait en législateur, en philosophe, en politique, et quand certains de ses compagnons d'exil lui répétaient qu'il avait eu tort de s'entourer d'anciens nobles qui l'avaient trahi, il repoussait énergiquement cette objection, misérable selon lui, en leur adressant la réponse péremptoire qui suit. — Les deux hommes qui ont le plus contribué à me perdre, disait-il, c'est Marmont en 1814, en m'ôtant les forces avec lesquelles j'allais détruire la coalition dans Paris, et Fouché en 1815, en soulevant la Chambre des représentants contre moi. Les vrais traîtres, s'il y a eu des traîtres qui m'aient perdu, ce sont ces deux hommes ! Eh bien, étaient-ce d'anciens nobles?.... —

Napoléon rapportait ensuite avec complaisance tout ce qu'il avait fait pour donner à la France une administration active, puissante, probe, claire dans ses comptes. Il rappelait ses routes, ses canaux, ses ports, ses monuments, ses travaux pour la confection du Code civil, dont il attribuait une large part à Tronchet, sa longue présidence du Conseil d'État, où régnait, disait-il, une grande liberté de discussion, où souvent il était contredit avec opiniâtreté, car, ajoutait-il, si les hommes

sont courtisans, ils ont de l'amour-propre aussi,
et j'ai vu des conseillers d'État, de simples maîtres
des requêtes, une fois engagés, soutenir contre
moi leur opinion avec entêtement, tant il est vrai
qu'il suffit d'assembler les hommes avec l'intention sérieuse d'approfondir les affaires, pour qu'il
naisse une liberté relative, et quelquefois féconde,
du moins en fait d'administration.

Napoléon avouait qu'il n'avait pas été un monarque libéral, mais soutenait qu'il avait été un
monarque civilisateur, et ajoutait que, chargé
d'être dictateur, son rôle à lui ne pouvait pas être
de donner la liberté, mais de la préparer. Quant à
l'essai de cette liberté fait en 1815, il ne le désa-
vouait pas, mais il en parlait peu, comme s'il avait
été confus d'une épreuve qui avait si mal tourné
pour lui. A cette occasion il s'exprimait sur les
assemblées en homme qui les connaissait bien,
quoiqu'il les eût peu pratiquées, et imputait ses
mécomptes dans la Chambre des représentants à
la nouveauté de cet essai de liberté plus qu'à son
vice fondamental. — Les assemblées, disait-il,
ont besoin de chefs pour les conduire, exactement
comme les armées. Mais il y a cette différence que
les armées reçoivent les chefs qu'on leur donne, et
que les assemblées se les donnent à elles-mêmes.
Or, en 1815, la Chambre des représentants, réunie

au bruit du canon, n'avait pu encore ni chercher ni trouver ses chefs. —

En toutes choses Napoléon disait qu'il n'avait pu avoir que des projets, qu'il n'avait eu le temps de rien achever, que son règne n'était qu'une suite d'ébauches, et alors se prenant à rêver, il aimait à se représenter tout ce qu'il aurait fait s'il avait pu obtenir de l'Europe une paix franche et durable (paix qu'il avait repoussée malheureusement quand il aurait pu l'obtenir, comme en 1813 par exemple, et qu'il n'avait voulue qu'en 1815, lorsqu'elle était devenue impossible!). — J'aurais, disait-il, accordé à mes sujets une large part dans le gouvernement. Je les aurais appelés autour de moi dans des assemblées vraiment libres, j'aurais écouté, je me serais laissé contredire, et, ne me bornant pas à les appeler autour de moi, je serais allé à eux. J'aurais voyagé avec mes propres chevaux à travers la France, accompagné de l'Impératrice et de mon fils. J'aurais tout vu de mes yeux, écouté, redressé les griefs, observé de près les hommes et les choses, et répandu de mes mains les biens de la paix, après avoir tant versé de ces mêmes mains les maux de la guerre. J'aurais vieilli en prince paternel et pacifique, et les peuples, après avoir si longtemps applaudi Napoléon guerrier, auraient béni Napoléon pacifique, *et voyageant, comme jadis les Mérovingiens, dans un char traîné par des bœufs.* —

Tels étaient les rêves de ce grand homme, et si nous les rapportons, c'est qu'ils contiennent une leçon frappante, celle de ne pas laisser passer le temps de faire le bien, car une fois passé il ne revient plus. Ainsi s'écoulaient les soirées de la captivité, et lorsqu'en discourant de la sorte Napoléon s'apercevait qu'il avait atteint une heure plus avancée que de coutume, il s'écriait avec joie : *Minuit, minuit! quelle conquête sur le temps!...* le temps, dont il n'avait jamais assez autrefois, et dont il avait toujours trop aujourd'hui!

L'année 1816, dont une moitié s'était passée en tracasseries, fut quant à l'autre moitié beaucoup mieux employée, et consacrée à des travaux historiques assidus. C'est à M. de Las Cases que Napoléon donnait alors le plus de temps, car il était plein d'ardeur pour le récit de ses campagnes d'Italie, qui lui rappelaient ses premiers, ses plus sensibles succès. Quoiqu'il s'occupât aussi de l'expédition d'Égypte avec le maréchal Bertrand, de la campagne de 1815 avec le général Gourgaud, l'Italie avait en ce moment la préférence. Il aurait voulu avoir un *Moniteur* pour les dates et pour certains détails matériels, et, à défaut du *Moniteur*, il se servait de l'*Annual register*. Du reste, sa mémoire

était rarément en défaut, et presque jamais il
n'avait à rectifier ses souvenirs. M. de Las Cases,
forcé pour le suivre d'écrire aussi vite que la parole, se servait de signes abréviatifs; il était obligé
ensuite de recopier ce qu'il avait écrit, et il y employait une partie des nuits. Il apportait le lendemain cette copie, que Napoléon corrigeait de sa
main. Ce travail ayant singulièrement affaibli la
vue de M. de Las Cases, son fils le relevait souvent, et l'aidait dans ses efforts pour saisir au vol
la pensée impétueuse du puissant historien. A ce
travail Napoléon en avait ajouté un autre. Il sentait
l'inconvénient de ne pas savoir l'anglais, et il avait
résolu de l'apprendre en adoptant M. de Las Cases
pour maître. Mais ce génie prodigieux, qui avait à
un si haut degré la mémoire des choses, n'avait
pas celle des mots, et il apprenait les langues avec
peine. Il s'y appliquait néanmoins, et commençait
à lire l'anglais, sans toutefois pouvoir le parler.
Ces diverses occupations exigeaient de fréquents
tête-à-tête avec M. de Las Cases, et provoquaient
des jalousies dans cette colonie si peu nombreuse,
et où il semble que l'infortune aurait dû rapprocher les cœurs. Le général Gourgaud avait fait
preuve envers Napoléon d'un dévouement remarquable, mais il gâtait ses bonnes qualités par un
orgueil excessif, et par un penchant à la jalousie

qui ne reposait jamais. N'ayant pas quitté Napoléon dans ses dernières campagnes, il se considérait comme devant être le coopérateur exclusif de tous les récits de guerre, et souffrait avec peine que M. de Las Cases fût en ce moment le confident habituel de son maître. Cependant chacun devait avoir son tour, et, avec la fin de l'Empire, que le général Gourgaud connaissait mieux, le privilége des longs tête-à-tête devait arriver pour lui. Mais, bouillant autant que courageux, il ne savait pas se contenir, et, dans ce cercle si étroit, où les froissements étaient nécessairement si sensibles, il devenait souvent querelleur et incommode. Le spectacle de ces divisions aggravait les peines de Napoléon. Il cherchait à apaiser des brouilles qu'il apercevait même quand on s'efforçait de les lui cacher, réprimait avec autorité les fougues du général Gourgaud, et s'appliquait à guérir les blessures faites à la sensibilité de M. de Las Cases, caractère concentré et un peu morose. — Quoi, leur disait-il à tous, n'est-ce pas assez de nos chagrins? faut-il que nous y ajoutions nous-mêmes par nos propres travers? Si la considération de ce que vous vous devez les uns aux autres ne suffit pas, songez à ce que vous me devez à moi-même... Ne voyez-vous pas que vos divisions me rendent profondément malheureux?... Tenez, ajoutait-il,

quand vous serez de retour en Europe, ce qui ne
peut manquer d'être prochain, car je n'ai pas
beaucoup d'années à vivre, votre gloire sera de
m'avoir accompagné sur ce rocher. Alors vous
n'irez pas avouer que vous viviez en ennemis les
uns avec les autres; vous vous direz *frères en Sainte-
Hélène,* vous affecterez l'union : eh bien, puisqu'il
faudra le faire un jour, pourquoi ne pas commencer aujourd'hui, pour votre dignité, pour mon
repos, pour ma consolation?... —

Ces pauvres exilés, malgré la surveillance ombrageuse dont ils étaient l'objet, allaient quelquefois en ville sous divers prétextes, mais, en réalité,
pour s'y procurer des nouvelles. Ils s'y rendaient
à cheval, accompagnés d'un surveillant, auquel
ils donnaient leur monture à garder, et qui leur
laissait ainsi un peu de liberté dont ils usaient pour
se ménager quelques communications avec l'Europe. Le propriétaire du pavillon de Briars, devenu
fournisseur de Longwood, se faisait souvent l'intermédiaire de leurs correspondances, du reste
bien innocentes, car elles avaient pour unique
objet d'entretenir des relations avec leurs familles,
et les plus coupables allaient tout au plus jusqu'à
dénoncer à l'opinion publique européenne les
cruautés du gouvernement britannique. Il aurait
fallu cependant s'en tenir à ces discrètes commu-

nications, et ne pas trop donner l'éveil à l'esprit soupçonneux de sir Hudson Lowe. Mais M. de Las Cases imagina de se servir d'un domestique qui retournait en Europe, pour lui confier un long récit des souffrances de Sainte-Hélène, écrit sur une pièce de soie, afin qu'il fût plus facile à cacher. Soit par l'infidélité du domestique, soit par la rigueur des investigations exercées sur sa personne, le dépôt fut découvert. M. de Las Cases qui avait particulièrement déplu à sir Hudson Lowe, fut condamné, en vertu des règlements établis, à quitter Sainte-Hélène. Une troupe de gens armés se saisit de sa personne et de celle de son fils, et les transporta l'un et l'autre à James-Town. Sir Hudson Lowe déclara à M. de Las Cases qu'ayant enfreint les règlements qui défendaient les communications clandestines, il serait conduit au Cap, et du Cap en Europe. Il n'y avait point à disputer avec ce maître absolu, et il fallut se soumettre. On visita les papiers de M. de Las Cases, on y trouva le journal qu'il avait tenu de ses entretiens avec Napoléon, et le manuscrit des campagnes d'Italie. On retint l'un et l'autre provisoirement.

Napoléon fut vivement courroucé de ce qu'on avait violé son domicile, et de ce qu'on lui enlevait un homme aussi respectable, et dont il avait un si grand besoin. Il réclama le manuscrit de ses campagnes d'Italie, qui lui fut rendu, et s'éleva avec amertume contre l'enlèvement de M. de Las Cases, pour un acte aussi naturel, aussi innocent qu'une plainte échappée à la souffrance, et prouvant même qu'on ne songeait point à s'enfuir, car dans les pièces saisies rien n'avait trait à un projet d'évasion. Aucun bâtiment ne s'étant trouvé prêt à partir, M. de Las Cases fut retenu dans l'île, et mis pour ainsi dire au secret, car il ne pouvait communiquer avec Longwood. Sir Hudson Lowe ayant eu ainsi le temps de la réflexion, craignit que la présence de M. de Las Cases en Europe ne fût plus fâcheuse pour lui et les ministres anglais que sa présence à Sainte-Hélène, car une fois libre, il pourrait faire entendre la voix du malheur, voix qui serait fort écoutée, même dans le parlement britannique. Il offrit donc à M. de Las Cases de retourner à Longwood, à condition de ne plus chercher à correspondre, et de profiter de la leçon qu'il venait de recevoir par un mois de séquestration. Mais M. de Las Cases avait fait de son côté les mêmes réflexions. Il avait pensé qu'il serait plus utile à Napoléon en Europe qu'à Sainte-Hélène, en dénonçant les traitements que subissaient les exilés. Il était fort inquiet aussi de l'état de santé de son fils, qui souffrait du climat des

tropiques, et n'accepta point la grâce que lui offrait
sir Hudson Lowe. On ne lui permit pas de voir
Napoléon, à moins que ce ne fût devant témoins;
ce qu'il refusa, mais il lui fit parvenir les motifs de
sa résolution, ainsi que plusieurs objets dont il était
dépositaire, et fut embarqué dans les derniers
jours de décembre 1816, après dix-huit mois
passés auprès de Napoléon, dont une année à
Sainte-Hélène.

Napoléon fut très-affecté du départ de M. de
Las Cases. C'était de ses compagnons d'exil celui
qui avait l'instruction la plus variée, et qui par sa
connaissance de l'anglais lui rendait le plus de
services, outre qu'il était d'un caractère très-doux
quoiqu'un peu susceptible. Sans méconnaître que
le désir de dénoncer à l'Europe les traitements
infligés aux captifs de Sainte-Hélène était entré
pour beaucoup dans son refus de revenir à Longwood, Napoléon ne se dissimulait pas non plus
que sa santé, et surtout celle de son fils, avaient
contribué à sa détermination, et il voyait claire-
ment que tantôt les ombrages du gouverneur,
tantôt le climat, tantôt les devoirs de famille,
diminueraient successivement la petite société qui
l'avait suivi, et dont la présence peuplait de quelques visages amis son affreuse solitude. Son valet
de chambre Marchand, écrivant vite, lisant bien,

sage, discret, dévoué à son maître avec une simplicité touchante, et de jour en jour devenant non plus un serviteur mais un ami, Marchand recueillait plus qu'un autre de ces mots qui s'échappent d'une âme souffrante, et qui semblent adressés à Dieu seul. — Si cela continue, disait Napoléon en soupirant, il ne restera bientôt ici que moi et Marchand ! — Puis s'adressant à ce dernier, il ajoutait : Tu me feras la lecture, tu écriras sous ma dictée, tu me fermeras les yeux, et tu iras vivre en Europe au sein du bien-être que je t'aurai assuré. —

Le 1ᵉʳ janvier 1817 fut pour la colonie exilée l'occasion d'une petite fête de famille. Les amis de Napoléon avaient soin de saisir les anniversaires pour venir tous ensemble lui présenter leurs hommages, comme ils faisaient jadis aux Tuileries, et lui prouver que proscrit, chargé de chaînes, il était toujours pour eux l'empereur Napoléon. Ce n'étaient plus comme aux Tuileries les fêtes de l'orgueil, mais celles du cœur, du cœur contrit, humilié, et d'autant plus expansif qu'il était plus malheureux. Madame Bertrand, madame de Montholon, accompagnées de leurs maris, tenant leurs enfants par la main, le général Gourgaud, et après eux Marchand avec les serviteurs qui avaient suivi leur maître à Sainte-Hélène, vinrent ce 1ᵉʳ janvier

lui présenter leurs vœux. Quels vœux, hélas! Que
sa vie sur ce rocher ne fût pas trop amère, que sa
santé ne déclinât pas trop vite, que certaines souffrances physiques dont il commençait à sentir l'atteinte ne fussent pas trop aiguës, car pour le revoir
en France rétabli sur le trône, ou seulement libre
en Amérique, personne n'osait y songer, et encore
moins en parler. Napoléon était plus triste que de
coutume, à cause des souvenirs que réveillait cette
journée, et aussi à cause du départ de MM. de Las
Cases. Il accueillit ses compagnons avec des
marques d'attendrissement qui ne lui étaient pas
ordinaires, et les remercia de leur dévouement de
la manière la plus expressive. Il avait toujours pris
beaucoup de plaisir à faire des dons, et des quelques
débris de son opulence que Marchand avait sauvés,
il avait composé un petit trésor pour témoigner de
temps en temps sa gratitude à ceux qui lui rendaient service. Il y puisa pour donner soit aux
enfants qu'il aimait, soit à leurs parents, quelques
objets qui devaient être pour eux de précieux souvenirs de famille. Après ces épanchements, la
journée étant fort belle, il déjeuna avec ses compagnons d'exil sous la tente que l'amiral Malcolm
lui avait fait dresser, et qui lui procurait la seule
ombre dont il pût jouir à Longwood. On y passa la
plus grande partie du jour, et peu à peu la beauté

du ciel, les témoignages de ses amis, un doux et cordial entretien, semblèrent dissiper la sombre tristesse qui couvrait le front de Napoléon. On parla de la France, on s'occupa du passé autrefois si éblouissant, on ne dit rien du présent, et pour la première fois cependant on osa dire quelques mots de l'avenir que d'ordinaire on ne cherchait pas à pénétrer, car si profondément qu'on y regardât, on n'y découvrait que la prison! Pourtant une sorte d'espérance commençait à poindre, et cette espérance naissait de la possibilité d'un changement ministériel en Angleterre. A en juger par les journaux, il était facile de voir qu'à la suite des emportements de 1815 il s'opérait un retour dans les esprits, que les peuples revenaient aux idées de liberté, et qu'en revenant à ces idées les haines contre la France perdaient de leur violence. Le ministère de lord Castlereagh était vivement attaqué. L'opposition avait demandé compte à lord Bathurst de ses cruautés envers le prisonnier de Sainte-Hélène, et il n'y avait aucune invraisemblance à supposer un prochain changement dans le cabinet britannique. On n'allait certes pas jusqu'à imaginer que Napoléon pourrait devoir un rôle quelconque à un nouveau ministère, mais ce ministère pourrait bien alléger les fers du prisonnier, le transporter dans une autre île, qui sait même?

peut-être lui ouvrir la libre Amérique. C'était peu probable, mais l'âme humaine à défaut d'espérances fondées, se repaît de chimères, tant il lui est impossible de ne pas espérer! On rêva donc quelque peu dans cette journée, et on se sépara soulagé.

L'année 1817 fut plus triste encore que l'année 1816, et tout présageait qu'il en serait ainsi des autres, car dans cette captivité sans fin présumable, et qui n'avait d'autre perspective que la mort, la tristesse devait aller toujours en croissant. Les promenades à cheval qui étaient indispensables à la santé de Napoléon, avaient complétement cessé. Le cercle de trois à quatre lieues dans lequel il était obligé de se renfermer s'il tenait à être seul, avait fini par lui paraître aussi étroit que le préau d'une prison. Ayant voulu le franchir et s'étant engagé dans les parties inconnues de l'île, il avait plusieurs fois échappé à l'officier chargé de le suivre, et celui-ci ayant fait l'observation que pour être fidèle à ses ordres il serait forcé de se tenir plus près, Napoléon avait renoncé à monter à cheval. Il était resté jusqu'à deux mois sans sortir autrement que pour faire une courte promenade à pied. Précédemment il recevait quelquefois des Anglais ou des Hollandais revenant des Indes en Europe, lesquels demandaient au grand maréchal Bertrand l'honneur de lui être présentés. Sir Hudson Lowe ayant essayé de changer cette manière de procéder, et Napoléon voyant qu'on voulait faire de Longwood un guichet qui ne s'ouvrirait que par la main de son geôlier, ne recevait plus personne. Cette réclusion absolue, surtout depuis le départ de M. de Las Cases, faisant cesser pour lui toute distraction, il était tombé dans une sorte d'inertie morale, qui, jointe à son inertie physique, devait produire sur lui les effets les plus prompts et les plus funestes.

A cette époque arrivèrent trois commissaires des puissances alliées, ayant mission de veiller à la garde du prisonnier de Sainte-Hélène de concert avec sir Hudson Lowe. Les puissances avaient en effet signé un traité par lequel approuvant tout ce que l'Angleterre avait fait précédemment, elles lui déléguaient le soin de détenir Napoléon, à condition toutefois que des commissaires nommés par elles pourraient résider à Sainte-Hélène, s'assurer de la présence continue du prisonnier, et veiller tant à sa garde qu'aux traitements qui lui seraient infligés. La Prusse s'en fiant aux Anglais du soin de garder son ancien ennemi, et ne s'intéressant pas assez à lui pour chercher à savoir comment on le traitait, n'avait envoyé personne. La Russie, l'Autriche, la France, avaient expédié chacune un commissaire. Ces commissaires confinés dans une

île presque inhabitée, n'avaient qu'un dédomma-
ment en perspective, c'était de voir et d'entretenir
quelquefois l'illustre prisonnier. L'envoyé français, M. de Montchenu, vieux royaliste, fort passionné mais point méchant, répétait sans cesse
que c'étaient les gens d'esprit qui avaient fait l'abo-
minable révolution française, que leur chef Napoléon, plus spirituel, plus scélérat qu'eux tous ensemble, était un démon à garder dans une cage de
fer. Il n'avait aucune envie de le fréquenter, mais
il désirait se procurer le plus souvent possible la
certitude physique de sa présence à Sainte-Hélène.
M. de Sturmer, envoyé autrichien, au service du
plus curieux des hommes d'État, le prince de Metternich, aurait voulu pouvoir amuser son chef par
des détails piquants. Le commissaire russe, M. de
Balmain, chargé par Alexandre de veiller à ce qu'on
gardât Napoléon sûrement, mais pas trop cruellement, avait bien aussi quelque envie de le voir,
mais moins que ses deux collègues, et se moquait
assez volontiers des inquiétudes du Français et de
la curiosité de l'Autrichien.

L'attente de ces trois commissaires fut singulièrement trompée en arrivant à Sainte-Hélène. Sir Hudson Lowe les ayant annoncés à Longwood comme
accrédités en vertu du traité du 2 août 1815,
Napoléon refusa péremptoirement de les admettre

à ce titre. D'une opiniâtreté invincible dans le malheur comme dans le bonheur, il ne voulait pas s'écarter du principe qu'il avait posé, et d'après lequel il soutenait que s'étant volontairement confié à l'Angleterre, on n'avait pas le droit de le constituer prisonnier. Par ce motif, il avait déclaré que prêt à recevoir ces messieurs avec plaisir s'ils se présentaient comme individus, il ne les recevrait pas introduits auprès de lui en vertu du traité du 2 août. Cette fidélité à son thème était fort regrettable, car outre les distractions qu'il aurait trouvées dans la société de ces commissaires, il aurait pu par leur entremise faire parvenir à Vienne et à Saint-Pétersbourg certains détails de sa captivité, qui probablement auraient ému la pudeur de l'empereur François, et l'excellent cœur d'Alexandre. Sir Hudson Lowe qui en jugeait ainsi, saisit avec empressement la difficulté soulevée par Napoléon, et déclara que les trois commissaires n'entreraient à Longwood qu'en vertu du traité précité. Ce n'était point l'avis des trois commissaires, qui auraient bien désiré, n'importe à quel titre, être admis auprès de Napoléon, soit pour s'assurer de sa présence, soit pour jouir d'une société que tout le monde eût enviée. Mais sir Hudson Lowe, craignant l'ingérence de ces commissaires dans les questions relatives à la garde des prisonniers, ne voulut se prêter à aucun accommodement, et ils restèrent à Sainte-Hélène sans pouvoir pénétrer à Longwood. De temps en temps ils montaient à cheval, allaient faire le tour des bâtiments occupés par Napoléon, se plaçaient aux issues où ils espéraient le rencontrer, et étaient réduits ou à l'apercevoir de très-loin, ou à recueillir quelques détails des allants et venants. Ils s'en procuraient aussi par les compagnons de Napoléon lui-même. Ils avaient connu l'un le grand maréchal Bertrand, l'autre les généraux Montholon et Gourgaud. Ils les recevaient, ou bien allaient à Hutt's-Gate rendre visite à madame Bertrand. Ils s'assuraient ainsi de la présence à Longwood de l'illustre prisonnier, et laissaient échapper des nouvelles qui, fort insignifiantes à leurs yeux, étaient d'un prix infini pour de pauvres captifs relégués dans une île déserte à deux mille lieues de leur patrie. M. de Montholon, le plus adroit des habitants de Longwood, avait l'art de faire parler les commissaires, et de leur arracher parfois quelques détails intéressants. Cherchant à flatter son maître malheureux, à réveiller en lui l'espérance éteinte, il s'attachait à lui persuader tantôt que le commissaire russe allait dénoncer à l'empereur Alexandre les traitements qu'on lui faisait subir, tantôt que le mouvement des esprits en Angleterre se prononçait contre le cabinet Castlereagh, et qu'avec de nouveaux ministres il obtiendrait sinon la liberté de vivre en Amérique, au moins un changement de résidence.

Le hasard avait aussi procuré à Napoléon un moyen de communication avec l'Europe, par l'établissement auprès de lui du docteur O'Meara. Napoléon n'ayant pas de médecin en quittant la France, en avait remarqué un à bord du *Bellérophon*, qui avait su lui plaire. C'était le docteur O'Meara, homme d'esprit, assez adroit, et moins entêté que ses confrères des pratiques de la médecine anglaise. Napoléon, en fait de médecine, n'avait foi qu'à celle de l'illustre Corvisart, qu'il caractérisait par ces mots : *l'expérience chez un homme supérieur*, ne voulait en général d'aucun remède, et repoussait absolument ceux des médecins anglais. Il écoutait cependant le docteur O'Meara, qu'il avait pris à son service, se moquait de ses prescriptions, mais s'entretenait avec lui tantôt en italien, tantôt en français, de toutes sortes de sujets, puis l'envoyait à James-Town lui chercher des nouvelles. Sir Hudson Lowe avait consenti à ce que le docteur O'Meara, en sa qualité d'Anglais, restât auprès de Napoléon sans subir les mêmes gênes que les autres habitants de Longwood, parce qu'il le jugeait incapable de trahir son gouvernement (ce qui était vrai), et qu'il le croyait tout au plus capable de quelques complaisances sans danger. Se conduisant assez adroitement dans cette position délicate, le docteur O'Meara s'en tirait sans trahir personne, rendait à Napoléon le service fort innocent de lui apporter quelques nouvelles d'Europe, rendait à sir Hudson Lowe le service de constater chaque jour la présence du prisonnier, ce que l'officier résidant à Longwood ne pouvait pas toujours faire, et trouvait encore le moyen de plaire à Londres en transmettant au prince régent des détails sur Napoléon, qui, sans être une infidélité envers celui-ci, offraient à la curiosité du prince un intérêt véritable.

De certains points du plateau de Longwood on découvrait la mer, et dès qu'une voile se montrait, on voulait savoir quel était le navire qui arrivait, d'où il venait, quelles personnes, quelles choses il avait à bord. Tout de suite on dépêchait le docteur O'Meara à James-Town, et il rapportait souvent les journaux, quelquefois même des lettres soustraites à la surveillance de sir Hudson Lowe. Napoléon s'était ainsi procuré des nouvelles qui avaient un instant charmé son malheur. Tantôt il avait appris l'acquittement de Drouot, l'évasion de Lavallette, événements dont il s'était fort réjoui, tantôt la fameuse ordonnance du 5 septembre, qui l'avait confirmé dans la douce espérance que le parti de la violence serait bientôt vaincu dans toute l'Europe. Il avait reçu aussi de sa famille des lettres qui l'avaient vivement ému. Les unes lui disaient que son fils se portait bien et grandissait à vue d'œil, les autres que sa mère, sa sœur Pauline, ses frères, désiraient le joindre à Sainte-Hélène, et mettaient leur fortune à sa disposition. Napoléon très-touché de ces offres était résolu à les refuser. Se considérant à Sainte-Hélène comme un condamné à mort, il n'aurait pas plus supporté que sa mère et sa sœur y vinssent, qu'il n'aurait voulu les voir monter sur l'échafaud avec lui. Sachant qu'excepté le cardinal Fesch et sa mère, ses proches avaient à peine de quoi vivre, et ayant de plus 4 à 5 millions secrètement déposés chez M. Laffitte, il n'aurait pas consenti à leur être à charge. D'ailleurs il n'avait même plus besoin de recourir à ce dépôt, car sir Hudson Lowe après l'avoir tourmenté sur les dépenses de sa maison, avait cessé d'y insister. Il fit donc remercier ses proches de leurs offres, en disant qu'en y étant très-sensible il ne les acceptait point.

Malgré sa réclusion absolue, Napoléon reçut quelques Anglais à l'époque du retour en Europe de la flotte des Indes. Ce moment, comme nous l'avons dit, était celui d'une véritable fête à Sainte-Hélène, car les bâtiments venant de cette destination lointaine prenaient des vivres frais à James-Town, y laissaient ou de l'argent ou des marchandises, et animaient un instant la solitude profonde de ce rocher perdu au milieu de l'Océan. Naturellement la curiosité de voir Napoléon était extrême chez les voyageurs de toute condition, et d'autant plus vive qu'ils avaient plus de culture d'esprit. De grands dignitaires, des magistrats, des savants, passagers sur la flotte des Indes, se mettant au-dessus des mesquines prescriptions de sir Hudson Lowe, s'adressèrent directement au grand maréchal pour obtenir l'honneur d'être présentés à Napoléon. Dans le nombre on compta lord Amherst et plusieurs personnages distingués. Napoléon les admit auprès de lui, se montra plein de calme, de douceur, de bonne grâce, et s'entretint longuement avec eux, tantôt des Indes, tantôt des affaires anglaises elles-mêmes, et toujours avec sa supériorité d'esprit accoutumée. Les plus importants lui demandant ses messages pour l'Europe, il leur répondit avec une noble résignation : Je ne vous charge de rien. Rapportez à vos ministres ce que vous avez vu. Je suis ici sur un rocher, qu'on a rendu pour moi plus étroit encore que la nature ne l'avait fait, et sur lequel je ne puis pas même me promener à cheval, après avoir été à cheval toute ma vie. J'habite sous un toit de planches, où je suis tantôt dévoré par la chaleur, tantôt envahi par une humidité pénétrante. Je ne puis en sortir sans être entouré de sbires par un geôlier impitoyable. Je ne puis ni écrire à ma famille, ni recevoir de ses nouvelles sans avoir ce geôlier pour confident. On m'a ôté déjà deux de mes compagnons, et Dieu sait si on me laissera ceux qui me restent! Si on voulait ma mort, il eût été plus noble de me traiter en soldat comme l'illustre Ney. Si ce n'est pas cela qu'on veut, qu'on me donne de l'air et de l'espace. Qu'on ne craigne pas mon évasion. Je sais qu'il n'y a plus dans le monde de place pour moi, et que mon seul avenir est d'expirer dans vos fers. Mais la question est de savoir si, en y demeurant, j'y serai à la torture. Au surplus je ne demande rien; que ceux qui auront vu ma situation, et que leur cœur portera à la faire connaître, le fassent. Je ne les en prie même pas. —

L'état de Napoléon justifiait assez les tristes pressentiments auxquels il se livrait en parlant de lui-même. Ceux qui le voyaient étaient frappés de la profonde altération de ses traits, et bien qu'il ne fût pas encore à la veille de sa mort, on pouvait aisément augurer qu'elle ne serait pas éloignée. L'aversion qu'il avait conçue pour la promenade à cheval telle qu'on la lui avait permise, l'avait amené à négliger complétement ce genre d'exercice. Malgré la belle saison arrivant vers la fin de 1817 à Sainte-Hélène, il passa presque six mois sans mettre le pied à l'étrier. Le docteur O'Meara lui pronostiquant que cette renonciation aux exercices de toute sa vie lui serait funeste : Tant mieux, répondait-il ; la fin viendra plus vite. — Il commençait à éprouver une douleur sourde au côté droit, et Marchand lui disait qu'il aurait besoin d'un peu d'exercice. Oui, disait-il en soupirant, il me serait bon de faire à cheval une course de dix à douze lieues ; mais le peut-on sur ce rocher ? — Il avait toujours eu le goût des bains prolongés ; il se livra plus que jamais à ce penchant, qui lui procurait un soulagement à la douleur dont il souffrait. Il restait plusieurs heures de suite dans un bain chaud, puis se couchait, et s'affaiblissait ainsi à vue d'œil. Son esprit attristé ne perdait ni en force ni en éclat, mais son corps devenait chaque jour plus débile, et il disait à ceux qui lui donnaient leurs soins et paraissaient affligés de cet affaiblissement : Vous le voyez, *ce n'était pas mon corps qui était de fer, c'était mon âme.* —

Sir Hudson Lowe en voyant décliner si vite la santé de Napoléon commença à s'inquiéter, craignant qu'on ne lui attribuât ce déclin rapide. Bien des voix s'étaient élevées en Angleterre contre les traitements infligés au captif de Sainte-Hélène, et il ne voulait pas fournir un fondement à de telles accusations. N'osant lever l'interdiction des promenades à cheval sans surveillance, il pensa qu'un changement de demeure serait un remède efficace, d'autant que les bâtiments de Longwood, construits en terre et en bois, tombaient déjà en ruine. L'abandon de Plantation-House à l'illustre prisonnier aurait répondu à toutes les convenances, mais il entendait le garder pour sa famille, et il prit le parti de bâtir. Lord Bathurst l'y avait autorisé, à condition que le nouvel emplacement ne coûterait pas trop cher à acquérir. Soit que la dépense d'acquisition fût trop grande du côté de Plantation-House, soit que le plateau de Longwood parût toujours plus facile à surveiller, sir Hudson Lowe résolut d'y laisser la nouvelle demeure de Napoléon, et seulement de choisir, en se rapprochant du pic de Diane, un endroit où le vent du sud-est se ferait moins sentir. Il fit part à Napoléon de ce projet, et lui envoya tous les plans pour qu'il pût y introduire les changements qui lui conviendraient. Napoléon répondit que toute habitation dans cette partie de l'île serait funeste à sa santé, que d'ailleurs on mettrait trois ou quatre ans à mener ces constructions à fin, que dans trois ou quatre ans ce serait un tombeau et non pas une maison qu'il lui faudrait; qu'il aurait eu l'incommodité des ouvriers dans son voisinage, sans pouvoir profiter de leur travail, et que si c'était son goût qu'on cherchait à connaître, il déclarait qu'il ne désirait nullement une maison nouvelle, et s'accommodait de celle qu'il avait, bien suffisante pour y mourir.

Sir Hudson Lowe ne se laissa point décourager par cette réponse, et entreprit en effet de bâtir, en choisissant l'exposition le mieux abritée possible, dans le district de Longwood, et en élevant un mur de gazon qui épargnât aux yeux et aux oreilles des exilés la vue et le bruit d'un chantier.

Le 1ᵉʳ janvier 1818 fut plus triste que les précédents, et beaucoup plus que celui de 1817, quoique ce dernier eût été attristé par le départ de M. de Las Cases. Napoléon travaillait moins, et semblait découragé de dicter le récit de ses campagnes, s'en fiant à la postérité du soin de sa gloire. — A quoi bon, disait-il, tous ces *mémoires à consulter*, présentés à notre juge à tous, la postérité? Nous sommes des plaideurs qui ennuient leur juge. La postérité est un appréciateur des événements plus fin que nous. Elle saura bien découvrir la vérité sans que nous nous donnions tant de peine pour la lui faire parvenir. — Napoléon dictait moins, mais il lisait davantage. Sa sensibilité au beau, devenue exquise par l'âge et la souffrance, savourait avec délices les chefs-d'œuvre de l'esprit humain. Le soir, parlant un peu moins des événements de sa vie, il parlait de ses lectures, et parfois lisait à ses amis des passages des grands écrivains de tous les temps avec l'accent d'une haute et sûre intelligence.

Il lisait souvent l'Écriture sainte, dont la grandeur frappait son génie; mais Homère avait sa préférence sur tout autre monument de l'antiquité. Il le trouvait grand et vrai, paraissait charmé du contraste qu'offraient les sentiments délicats, nobles, souvent sublimes, des personnages de l'Iliade, avec leurs mœurs simples jusqu'à la grossièreté, et faisait la remarque que peu importait le costume jeté sur l'homme, pourvu que cet homme fût l'homme véritable, celui de tous les temps et de tous les pays. Ce qui le charmait encore dans Homère, c'était avec la grandeur la parfaite vérité. — Homère, disait-il, a vu, agi. Virgile, au contraire, est un *régent de collége,* qui n'a rien vu, ni rien fait. — Cette sévérité à l'égard de Virgile provenait de ce que Napoléon, ne sachant pas assez le latin pour apprécier la délicieuse langue du poëte d'Ausonie, n'était sensible qu'à la vérité et à la majesté des tableaux, moindre chez Virgile que chez Homère.

Parmi les écrivains modernes les auteurs dramatiques avaient sa préférence. Il n'aimait pas les genres incertains, ni le mélange du comique avec le tragique. Il méprisait ce que nous appelons le drame, et disait que c'était la *tragédie des femmes de chambre*. Il vantait la grandeur chez Corneille, l'éloquence des sentiments chez Racine, et la profondeur comique chez Molière, prisait peu Voltaire comme auteur dramatique, en l'admirant d'ailleurs beaucoup comme prosateur pour le fond et la forme. Sensible à la grâce mais toujours positif, il lisait avec un plaisir infini madame de Sévigné, en disant cependant qu'après l'avoir lue avec délices il ne lui en restait rien. Il trouvait l'histoire médiocrement écrite en France, excepté les mémoires, et s'en prenait de cette infériorité à l'ignorance des affaires dans laquelle on avait fait vivre les gens de lettres. Il entrait volontiers dans les difficultés de cet art, qu'il avait pratiqué lui-même, et s'écriait à propos de l'histoire de France : Il n'y a pas de milieu, il la faut en deux volumes, ou en cent. —

A mesure que l'ennui et l'inaction détruisant sa santé il voyait la mort s'approcher, il s'entretenait plus fréquemment de philosophie et de religion.— Dieu, disait-il, est partout visible dans l'univers, et bien aveugles ou bien faibles sont les yeux qui ne l'aperçoivent pas. Pour moi je le vois dans la nature entière, je me sens sous sa main toute-puissante, et je ne cherche pas à douter de son existence, car je n'en ai pas peur. Je crois qu'il est aussi indulgent qu'il est grand, et je suis convaincu que revenus dans son vaste sein nous y trouverons confirmés tous les pressentiments de la conscience humaine, et que là sera bien ou sera mal, ce que les esprits vraiment éclairés ont déclaré bien ou mal sur la terre. Je mets de côté les erreurs des peuples, qu'on peut reconnaître à ce trait que l'erreur de l'un n'est jamais celle de l'autre; mais ce que les grands esprits de toutes les nations auront déclaré bon ou mauvais, restera tel dans le sein de Dieu. Je n'ai point de doute à cet égard, et malgré mes fautes je m'approche tranquillement de la souveraine Justice. Je suis moins sûr de mon fait lorsque j'entre dans le domaine des religions positives. Là je rencontre à chaque pas la main de l'homme, et souvent elle m'offusque et me choque... Mais il faut ne pas céder à ce sentiment, dans lequel il entre beaucoup d'orgueil humain. Si, en mettant de côté les traditions nationales dont tous les peuples ont compliqué la religion, on y trouve la notion de Dieu, la notion du bien et du mal fortement professées, c'est l'essentiel. Pour moi j'ai été dans les mosquées, j'y ai vu les hommes agenouillés devant la puissance éternelle, et bien que mes habitudes nationales fussent souvent froissées, pourtant je n'y ai point éprouvé le sentiment du ridicule. La calomnie travestissant mes actes, a dit qu'au Caire j'avais professé l'islamisme, tandis qu'à Paris, devant le Pape, je jouais le catholique. En tout cela il y a quelque chose de vrai, c'est que même dans les mosquées je trouvais du respectable, et que sans y être ému comme dans les églises catholiques où mon enfance a été élevée, j'y voyais l'homme à genoux humiliant sa faiblesse devant la majesté de Dieu. Toute religion qui n'est pas barbare a droit à nos respects, et nous chrétiens nous avons l'avantage d'en avoir une qui est puisée aux sources de la morale la plus pure. S'il faut les respecter toutes, nous avons bien plus de raison de respecter la nôtre, et chacun d'ailleurs doit vivre et mourir dans celle où sa mère lui a enseigné à adorer Dieu. *La religion est une partie de la destinée.* Elle forme avec le sol, les lois, les mœurs, ce tout sacré qu'on appelle la patrie, et qu'il ne faut jamais déserter. Pour moi, quand à l'époque du Concordat quelques vieux révolutionnaires me parlaient de faire la France protestante, j'étais révolté, comme si on m'avait proposé d'abdiquer ma qualité de Français pour devenir Anglais ou Allemand. —

Conduit par ces sujets sublimes à s'occuper de

certaines questions morales, Napoléon s'entretenait de ce qu'on avait appelé *son fatalisme*. — Sur
ce sujet, disait-il, comme sur tous les autres, la
calomnie a tracé de mes opinions de vraies caricatures. On a voulu me représenter comme une
espèce de musulman stupide, qui voyait tout écrit
là-haut, et qui ne se serait détourné ni devant un
précipice, ni devant un cheval lancé au galop,
par cette idée que notre vie, notre mort, ne dépendent pas de nous, mais d'un destin implacable
et impossible à fléchir. S'il en était ainsi, l'homme
devrait se mettre dans son lit à sa naissance, et
n'en plus sortir, attendant que Dieu fît arriver les
aliments à sa bouche. L'homme deviendrait stupidement inerte. Ce n'est pas moi, qui pendant le
cours des plus longues guerres ai tant déployé
d'efforts, hélas! sans y réussir toujours, pour faire
prédominer l'intelligence humaine sur le hasard,
ce n'est pas moi qui puis penser de la sorte! Ma
croyance, et celle de tout être raisonnable, c'est
que l'homme est ici-bas chargé de son sort, qu'il
a le droit et le devoir de le rendre par son industrie le meilleur possible, et qu'il ne doit renoncer
à ses efforts que lorsqu'il ne peut plus rien. Alors
seulement il doit cesser de penser et d'agir, se
résigner, en un mot, et ne plus songer au péril
auquel il ne peut parer. A la guerre on a beau faire,

le péril est presque partout égal. J'ai vu des hommes quitter une place comme dangereuse, et être frappés juste à celle qu'ils venaient de prendre comme plus sûre. On s'agite donc vainement à la guerre, on perd en s'agitant son sang-froid, son courage, sans éviter le danger, et le mieux évidemment est de se résigner aux chances de son état, de ne pas plus penser aux projectiles qui traversent l'air qu'au vent qui souffle dans vos cheveux. Alors on a tout son courage, tout son sang-froid, tout son esprit, et on recouvre avec le calme la clairvoyance. Voilà mon fatalisme, voilà celui que je prêchais à mes soldats, en y employant les formes qui leur convenaient, en cherchant à leur persuader que leur destin était arrêté là-haut, qu'ils n'y pouvaient rien changer par la lâcheté, que dès lors le mieux était de se donner les honneurs du courage, et au précepte j'ajoutais l'exemple en affichant sur mon front que tous regardaient, une insouciance qui avait fini par être sincère. C'était le fatalisme du soldat, mais certes comme général j'en pratiquais un autre, car j'ai l'orgueil de croire qu'aucun capitaine ne s'est plus servi à la guerre de son esprit et de sa volonté. Vous le voyez, ajoutait Napoléon, je puis rendre compte de toutes mes opinions, car elles sont fondées sur la notion vraie et pratique des choses. —

10.

Napoléon éprouva dans cette année 1818 un chagrin des plus vifs. Nous avons déjà parlé du caractère difficile du général Gourgaud. Sa jalousie, que M. de Las Cases n'attirait plus, s'était portée tout entière sur le général de Montholon, qui en ce moment était le plus souvent appelé pour écrire sous la dictée de Napoléon. D'autres causes avaient ajouté à cette mésintelligence. Les deux familles Montholon et Bertrand contribuaient singulièrement l'une et l'autre à adoucir la captivité de l'auguste prisonnier. Pourtant elles différaient beaucoup de caractère et d'opinion sur tout ce qui occupait la colonie exilée. Il régnait dans la famille Montholon, avec infiniment d'esprit, de douceur, de connaissance du monde, la conviction qu'au lieu d'irriter sir Hudson Lowe en prenant toujours ses intentions en mauvaise part, il fallait au contraire l'adoucir en se montrant plus juste envers lui, et en tirer en un mot le meilleur parti possible pour le bien-être de celui auquel on s'était dévoué. On était généreux, mais morose et irritable, dans la famille Bertrand; on vivait à part dans la demeure de Hutt's-Gate, et, en prétextant l'honneur, on était d'avis de résister toujours à la tyrannie du geôlier de Sainte-Hélène. Il résultait de là des divergences fréquentes d'opinion et de conduite entre les deux familles, et ce qui n'eût

été qu'un dissentiment ordinaire, le général Gourgaud, en s'y mêlant, en avait fait un dissentiment
grave. Les choses furent même poussées à ce
point que Napoléon fut forcé d'intervenir entre
les généraux Gourgaud et Montholon, pour empêcher un éclat, qui sur la terre d'exil eût été du
plus déplorable effet. Napoléon indigné interposa
son autorité, et obligea ces deux militaires à renoncer à leur querelle. Il fut surtout sévère pour
le général Gourgaud, qui avait les principaux torts,
et qui voulut quitter Sainte-Hélène. Napoléon lui
donna son congé. — J'aime mieux être seul, lui
dit-il, que d'être troublé jusque dans mon malheur
par de si folles passions. — Il vit peu le général
Gourgaud pendant les dernières semaines que
celui-ci passa à Longwood, et toutefois, au moment de son départ, n'oubliant point les preuves
de dévouement qu'il en avait reçues, il lui donna
de précieuses marques de souvenir. Le général
Gourgaud emporta de Sainte-Hélène une première
relation de la campagne de 1815 qui lui avait été
dictée, et que, de retour en Europe, il publia
comme étant son ouvrage. La même relation, re-
maniée par Napoléon et revêtue de son nom, a été
publiée depuis dans la collection de ses œuvres. Il
est heureux que l'une et l'autre aient été conser-
vées, car absolument conformes sous les rapports

essèntiels, elles contribuent cependant par quelques détails omis dans l'une et consignés dans l'autre, à mieux éclaircir les événements de cette campagne mémorable.

Napoléon fit à la même époque des pertes qui lui furent encore plus sensibles. L'amiral Malcolm dont la conduite avait prouvé que sans trahir ses devoirs on pouvait adoucir beaucoup le sort de l'illustre prisonnier, l'amiral Malcolm quitta le commandement des mers du Cap. Son intimité avec Napoléon avait déplu à sir Hudson Lowe, qui craignait que la manière d'être de l'amiral ne fût une condamnation de la sienne.

Il eut pour remplaçant l'amiral Plampin, personnage froid, et peu disposé à fréquenter Longwood. L'amiral Malcolm reçut de Napoléon les adieux d'un ami.

A cette perte s'en joignit une autre, qui, sans affecter autant le cœur de Napoléon, jeta un trouble pénible dans ses habitudes. Il s'était accoutumé non pas à la médecine anglaise, mais au caractère du docteur O'Meara, qui lui procurait des nouvelles, et lui donnait un résumé exact des journaux anglais, ce qui l'intéressait vivement, car la dernière lueur d'espérance restée dans son âme reposait sur un changement de cabinet en Angleterre. Sir Hudson Lowe ayant découvert que le

docteur O'Meara était le nouvelliste de Longwood,
avait exigé qu'il lui fît connaître ses entretiens
avec Napoléon. Le docteur O'Meara s'y était refusé, disant qu'en bon et loyal Anglais, il ferait
connaître ce qui aurait trait à un projet d'évasion,
mais qu'il avait ses devoirs de médecin, et que,
comme tel, il ne trahirait pas son malade, en rap-
portant les détails qu'il avait dus à sa confiance.
Sir Hudson Lowe irrité voulut alors assimiler le
docteur O'Meara aux Français attachés au service
de Napoléon, et le soumettre à toutes les gênes
qui leur étaient imposées, celle notamment d'être
suivis dès qu'ils sortaient de l'enceinte de Longwood. Napoléon répondit que son médecin devait
être à lui, et que si on exigeait pour le laisser
libre, que ce médecin fût dépendant du gouverneur, il ne le conserverait pas. Ce débat fut assez
long et mêlé de plusieurs incidents. Le docteur
O'Meara fut tour à tour enlevé, rendu, enlevé de
nouveau à Napoléon, et enfin embarqué pour l'Europe avec les formes les plus brutales.

Napoléon demeura donc sans médecin, et sous
ce rapport n'éprouva pas une grande privation. —
Le corps humain, disait-il, est une montre que
l'horloger ne peut pas ouvrir pour la réparer. Les
médecins y introduisent des instruments bizarre-
ment construits, sans voir ce qu'ils font, et c'est

grand miracle s'ils touchent utilement à cette pauvre machine! — Il s'était affermi dans cette prévention, parce que rien de ce qu'on lui avait donné ne lui avait réussi. Il ne trouvait de soulagement que dans l'exercice, ou quelques boissons douces qu'il se prescrivait à lui-même. Il avait cru d'abord avoir une maladie de foie due au climat des tropiques. Avec sa sagacité ordinaire il n'avait pas tardé à reconnaître que son mal résidait bien plutôt dans l'estomac, et se rappelant que son père était mort d'une maladie de cet organe, il avait tourné de ce côté ses soupçons. Quelques vomissements qui se produisirent à cette époque le confirmèrent dans son opinion, et il se regardait comme plus médecin que les médecins de Sainte-Hélène. Toutefois, il avait trop de sens pour ne pas accorder à la science accumulée des siècles la confiance qu'elle mérite, et après quelques boutades contre les médecins médiocres, il convenait qu'un homme supérieur et de grande expérience lui serait bon à consulter. Aussi disait-il souvent : Je ne crois pas à la médecine, mais je crois à Corvisart. Puisqu'on ne peut pas me le donner, qu'on me laisse en paix. —

Le bruit s'étant répandu dans l'île que sa santé déclinait sensiblement, sir Hudson Lowe craignit la responsabilité qu'il avait encourue par le renvoi

d'O'Meara, et fit offrir un médecin de la marine
anglaise, le docteur Baxter, qui était généralement
estimé. Mais la confiance de sir Hudson Lowe était
pour Napoléon une raison de défiance, et le docteur Baxter fut refusé. Outre que la privation d'un
homme de l'art faisait peser sur la tête du gouverneur une responsabilité qui s'accroissait avec l'état
maladif de Napoléon, il était privé d'un témoin sûr
qui attestât la présence du prisonnier. Cette présence était devenue difficile à constater depuis que
Napoléon restait quelquefois jusqu'à huit jours
sans sortir, et que l'officier de service, n'osant
forcer la porte de sa chambre, attendait vainement
pendant des heures entières une occasion de le
voir. Sir Hudson Lowe s'était donc créé de grands
embarras par le renvoi du docteur O'Meara. Il eut
sur ce sujet de longs entretiens avec M. de Montholon. — Que voulez-vous que je fasse? disait sir
Hudson Lowe. Si je fléchis, on m'accuse en Europe de céder à un ascendant auquel personne ne
résiste; et si je résiste vous m'accusez de barbarie.
— Toutes vos précautions, répondait M. de Montholon, pour empêcher une évasion à laquelle Napoléon ne songe point, sont devenues pour lui des
gênes insupportables, et qui sont la cause de la
réclusion dans laquelle il s'obstine à vivre. Plus
vous ajouterez à vos précautions, plus vous l'obli-

gerez à se renfermer, plus vous nuirez à sa santé, et plus vous prendrez de responsabilité morale dans le présent et l'avenir. Maintenant vous voulez savoir à tout prix s'il est à Longwood, et le savoir tous les jours. Il fallait lui laisser O'Meara. Vous vous êtes privé de ce témoin si commode, et il faut dès lors vous en fier à moi, à mon désir de faciliter votre tâche et la nôtre. Si vous tentiez d'y employer la force, vous nous trouveriez tous derrière la porte de Napoléon, et votre sang, le nôtre, expieraient l'outrage que vous voudriez lui faire essuyer. Aussi, je vous en supplie, laissez-nous faire, et comptez sur moi pour ménager à votre officier de garde tous les moyens de voir son prisonnier sans l'offenser. — En effet, dès que Napoléon changeait de place, passait d'une pièce dans une autre, M. de Montholon avertissait l'officier de garde qui accourait pour le voir, et de déplorables conflits étaient ainsi évités par l'adresse d'un serviteur intelligent et fidèle.

Napoléon s'obstinant à ne pas sortir, et à prendre des bains fort longs pour soulager la douleur dont il souffrait au côté droit, s'affaiblit rapidement. Bientôt ses jambes enflèrent, et il éprouva aux extrémités un froid persistant, qu'on avait la plus grande peine à combattre par l'application d'une chaleur extérieure et prolongée. Son pouls avait toujours été fort lent (il avait à peine cinquante-cinq pulsations dans son état ordinaire), ce qui accusait une circulation du sang très-difficile. Le célèbre Corvisart, avec sa rare perspicacité médicale, avait jadis pronostiqué à Napoléon que si jamais il cessait de mener une vie active, il s'en ressentirait gravement, car la circulation déjà lente chez lui le deviendrait davantage, ce qui entraînerait des conséquences fàcheuses, telles que l'enflure aux jambes, le froid aux pieds, etc. Napoléon, en voyant se réaliser ces prophéties d'un grand médecin, n'en témoignait aucun chagrin, et semblait au contraire y voir sa libération prochaine. Pourtant l'instinct de la nature conservant sa force, il essaya, sur les vives instances de MM. de Montholon et Marchand, de quelques promenades à cheval. On lui offrit un petit cheval, agréable à monter; il accepta et s'en servit pour faire quelques courses. On approchait de la fin de 1818, on s'avançait vers la bonne saison dans l'hémisphère austral, et Napoléon trouva dans ses promenades un plaisir qu'il n'avait pas espéré. Le bien suivit le plaisir, et il se sentit revivre. En janvier 1819 il semblait remis; son teint était moins plombé, son œil moins éteint, ses jambes moins enflées. Marchand, qui l'aimait comme un père, lui en témoigna sa joie. — Mon fils, lui dit Napoléon (c'était le titre qu'il commençait à lui donner), tes témoignages me touchent; mais ne t'abuse pas, c'est un dernier éclair de santé. Ma forte constitution fait un dernier effort, après quoi elle succombera. Je serai délivré, et vous le serez aussi. Tu retourneras en Europe, et s'il dépend de moi tu y seras heureux. —

Une circonstance morale contribua à ce retour passager de santé. Napoléon, dans l'état de langueur d'où il venait de sortir, avait presque abandonné le travail. Il n'avait plus songé à dicter le récit de ses campagnes. On eût dit que sa propre vie l'ennuyait, et qu'il abandonnait à la postérité le soin de sa gloire. Il avait quelques centaines de volumes répandus confusément autour de lui, prenait tantôt l'un, tantôt l'autre, les rejetait tour à tour, et ne pouvait dans son abattement s'intéresser à aucun. Tout à coup des livres historiques relatifs aux grands capitaines de tous les temps tombèrent sous sa main, et il s'en saisit avec avidité. Bien qu'il eût reçu une excellente éducation, il ne savait que d'une manière très-générale l'histoire de Frédéric, de Turenne, de Condé, de Gustave-Adolphe, de César, d'Annibal, d'Alexandre. La vie de ces grands hommes, écrite avec détail, l'attacha puissamment. Ses forces physiques étaient presque revenues, et avec ses forces physiques ses forces intellectuelles. Il était donc capable d'une attention soutenue, et dès cet instant il se sentit pris d'une ardente curiosité pour les actions des capitaines célèbres. Cette étude avait naturellement pour lui une signification qu'elle n'aurait eue pour aucun autre. Il y voyait ce que personne n'aurait pu y découvrir, et il devint curieux de mesurer exactement les pas que ses prédécesseurs avaient faits dans la carrière des armes, pour se rendre compte de ceux qu'il y avait faits lui-même. Bientôt ses vues s'étendirent, et il résolut d'écrire la vie des capitaines illustres, de se constituer leur juge, juge le plus compétent que jamais ils pussent avoir, de composer ainsi une histoire, tout à la fois animée et profondément savante, de l'art militaire, cet art qui avait été sa passion et sa gloire, et qui est avec la politique le plus grand que les hommes puissent exercer. Chose étrange et bien honorable pour le génie de Napoléon, à partir de ce moment il laissa de côté ses propres actions, dont il n'avait raconté qu'une faible partie, s'éprit des actions d'autrui, et se consacra tout entier aux capitaines anciens et modernes. Le premier qui l'avait occupé était Catinat, et il l'avait trouvé, disait-il, *surfait par les philosophes*. Mais, passant à Turenne, à Condé, *Il faut bien*, dit-il, *se rendre au mérite*. — Turenne notamment lui inspira la plus profonde estime. Puis vinrent Condé, Frédéric et César. Il manquait de livres spéciaux, il en fit demander, et sir Hudson Lowe, informé de ce nouvel état de son esprit, fort satisfait de voir qu'il songeait à tout autre chose qu'à une évasion, chercha dans la bibliothèque de Plantation-House des livres relatifs à l'histoire de l'art militaire. Il en trouva et les envoya à Longwood. Napoléon se mit au travail avec son ardeur accoutumée, et eut bientôt approfondi trois vies, celles de Frédéric, de Turenne et de César. Il voulait en outre étudier et écrire celles de Condé, du prince Eugène, de Marlborough, de Gustave-Adolphe, des Nassau dans les temps modernes, celles d'Alexandre et surtout d'Annibal dans l'antiquité. Après ces grandes vies il serait descendu à de moindres, si sa propre vie y avait suffi. Mais il demandait des livres, et surtout Polybe qu'il n'avait pas, ce qui le contrariait beaucoup, car il voulait puiser aux sources mêmes des notions exactes sur Annibal, pour lequel il éprouvait la plus profonde admiration. Ayant les *Commentaires* de César, qu'on peut se procurer partout, même sur le rocher le plus isolé de l'Océan, il put juger le grand capitaine romain, et dicta sur lui à M. Marchand des pages qui seront immortelles à cause des deux Césars, celui qui est le héros de ces pages, et celui qui en est l'auteur.

Cependant l'amélioration obtenue au commencement de 1819 ne se soutint pas. Napoléon ressentit de nouvelles et plus violentes douleurs d'estomac, une vive répugnance pour les aliments et une extrême difficulté à les digérer. Il vomissait souvent des matières noirâtres, et une fois même il tomba dans un long évanouissement. Il y avait à bord du vaisseau *le Conquérant* un médecin distingué, nommé John Stokoe, qu'on se hâta de faire venir sans consulter l'illustre malade, et qui ne déplut point, parce qu'il ne parut pas un envoyé de la police de sir Hudson Lowe. Napoléon lui fit bon accueil, mais en lui montrant son incrédulité accoutumée, surtout à l'égard de la médecine anglaise. — C'est ma fin, dit-il, qui s'approche, et mes boissons calmantes valent mieux que tout ce que vous pourriez m'ordonner. — Le docteur Stokoe reparut quelquefois, mais les motifs qui lui avaient valu la confiance de Napoléon lui firent perdre celle de sir Hudson Lowe, et on ne lui permit guère de fréquenter Longwood. D'ailleurs on avait demandé en Europe un médecin, divers serviteurs, et un ou deux prêtres dont on manquait à Sainte-Hélène, à ce point que l'un des domestiques de Napoléon étant mort, on avait été obligé de recourir à un ministre protestant pour lui rendre les honneurs funèbres. C'était le cardinal Fesch qui était chargé de faire les choix et les envois. Ses anciennes relations avec les cours européennes devaient lui ménager des facilités que n'auraient pu espérer les autres membres de sa famille.

En attendant ces prochaines arrivées, Napoléon fut affligé par un nouveau départ, qui lui fut plus sensible que tous les autres. Madame de Montholon par son esprit aimable avait fort contribué à adoucir sa captivité, mais elle succombait au climat, et les médecins anglais avaient reconnu chez elle une maladie de foie très-avancée. Elle craignait aussi pour ses enfants, et il fallait absolument qu'elle partît. Napoléon voulait que M. de Montholon lui servît de compagnon de voyage, mais celui-ci, voyant l'état de son maître, refusa de se séparer de lui. Madame de Montholon s'embarqua donc seule avec ses enfants, mais Napoléon sentait bien qu'il serait prochainement obligé de renvoyer le mari après la femme, que madame Bertrand, dont les enfants avaient besoin aussi de l'éducation européenne, ne tarderait point à s'éloigner, suivie probablement de son mari. Il comprenait que le dévouement, quelque grand qu'il fût, trouvait dans les devoirs de famille un terme obligé ; il n'élevait pas une plainte, et se disait que pour n'être pas seul il faudrait qu'il quittât bientôt la vie. Il voyait

en effet venir le moment de la quitter, et le voyait
approcher sans crainte et sans chagrin.

Vers la fin de cette année 1819, la maladie ayant
repris son cours, lent mais progressif, Napoléon
était redevenu sédentaire. L'officier de service avait
la plus grande peine à s'assurer de sa présence,
et les prescriptions de lord Bathurst qui voulait
qu'elle fût constatée chaque jour, n'étaient plus
observées. Souvent on restait plusieurs jours sans
l'apercevoir, mais le mouvement des domestiques
autour de la chambre du malade, leurs soins em-
pressés, leurs inquiétudes visibles, ne pouvant être
une comédie arrangée pour cacher une évasion,
l'officier de garde se contentait de ce genre de
preuves. On aurait dû s'en contenter toujours, car
dans l'état où se trouvait Napoléon, on aurait ouvert les portes de sa prison que c'est tout au plus
s'il aurait pu les franchir pour aller respirer un air
pur. Cependant les ordres réitérés de lord Bathurst
embarrassaient sir Hudson Lowe. Il eut recours à
un moyen, ingénieux mais peu digne, de communiquer avec son prisonnier. La correspondance
avait toujours été adressée au grand maréchal Bertrand : lord Bathurst, pensant que cette manière
de procéder laissait trop à Napoléon l'attitude d'un
souverain, avait ordonné de lui remettre directement les communications qui lui seraient destinées.

Il y avait là un moyen certain de voir Napoléon quand on le voudrait, et sir Hudson Lowe résolut d'en faire l'essai. Il expédia à Longwood un officier à cheval, qui se présenta du reste avec égards, et demanda à remettre un pli à *Napoléon Bonaparte*. Il fut renvoyé à Marchand qui, connaissant l'usage, et se doutant qu'on voulait le violer, déclara que tout message devait être remis à *l'empereur Napoléon* par l'intermédiaire du grand maréchal Bertrand. L'officier fut ainsi éconduit, et M. Marchand courut avertir son maître de cette tentative. Sur-le-champ Napoléon ordonna à ses domestiques de refuser absolument sa porte à toute personne qui se présenterait, et prévoyant qu'on irait peut-être jusqu'à la forcer, il prit une résolution à la façon de Charles XII. — Autant, dit-il, mourir ici dans une tragédie pour défendre notre dignité, que sur un lit de malade. — Il fit charger ses pistolets, enjoignit à ses gens d'en faire autant, et il fut décidé que quiconque essayerait de forcer la porte de l'Empereur recevrait une balle dans la tête.

En effet, sir Hudson Lowe vint lui-même accompagné de tout un état-major, fit appeler MM. Marchand et de Montholon, leur parla de ses ordres demeurés sans exécution, et leur déclara que quiconque résisterait serait envoyé au Cap. On lui répondit qu'on ne changerait rien à l'usage établi autour de l'Empereur, et que ce n'était pas dans l'état où il était présentement qu'on commencerait à lui manquer de respect. Sir Hudson Lowe partit rempli de dépit, en annonçant qu'il ferait exécuter par la force les volontés du gouvernement britannique. Un officier bien escorté se présenta effectivement le lendemain, s'adressa aux domestiques, disant qu'il avait un message à remettre à *Napoléon Bonaparte*, et qu'il fallait qu'on lui ouvrît. On le renvoya à Marchand, qui persista à le renvoyer au grand maréchal. Ainsi repoussé, il se mit à parcourir la maison, à frapper aux portes, et approcha de celle de l'Empereur. Napoléon était tranquillement occupé à lire, ayant ses pistolets préparés, et tous ses gens étaient debout derrière sa porte, prêts comme lui à terminer leur captivité dans une tragédie, pour défendre leur maître de cette dernière humiliation. L'officier courut de porte en porte, frappa successivement à toutes, puis voyant qu'elles ne s'ouvraient pas, remonta à cheval, et regagna Plantation-House sans avoir pu remplir sa mission.

C'était là une triste et inutile entreprise contre un caractère comme celui du prisonnier de Sainte-Hélène, et bien cruelle en considérant l'état de sa santé. Quant à lui, il était pour ainsi dire ranimé par cette scène étrange, comme s'il avait entendu retentir encore ce bruit du canon, qui avait tant résonné jadis à ses oreilles. Sir Hudson Lowe n'osa pas insister, et se borna à des menaces, desquelles on ne devait plus attendre aucune suite sérieuse après la déconvenue qu'il venait d'essuyer.

A cette époque, c'est-à-dire vers la fin de 1819, arrivèrent à Sainte-Hélène les personnages envoyés par le cardinal Fesch. C'étaient un jeune médecin italien du nom d'Antomarchi, ayant quelque esprit, peu d'expérience et une extrême présomption ; un bon vieux prêtre, l'abbé Buonavita, ancien missionnaire au Mexique, et enfin un jeune ecclésiastique, l'abbé Vignale, l'un et l'autre fort honnêtes gens, mais sans instruction et sans esprit. On leur avait adjoint trois ou quatre domestiques propres à remplir les emplois vacants dans la maison de l'Empereur. Ces nouveaux venus avant de se rendre à Longwood perdirent quelques jours, pendant lesquels ils acceptèrent les politesses du gouverneur, ce qui disposa peu favorablement le maître qu'ils venaient servir, et dont l'antipathie contre sir Hudson Lowe avait dégénéré en véritable passion. Napoléon leur pardonna bientôt en écoutant ce qu'ils lui racontèrent de sa famille, particulièrement de sa mère, de sa sœur Pauline, de ses frères Lucien et Joseph. Sa sœur et sa mère renouvelaient avec instance l'offre de se rendre à Sainte-Hélène ; Joseph et Lucien faisaient une proposition beaucoup plus acceptable, c'était de se succéder à Longwood, et d'y passer chacun trois ans. — Napoléon n'attacha pas grande importance à ce projet, que sa mort, prochaine selon lui, rendait si vain ; mais il en fut touché jusqu'au fond de l'âme.

Il s'entretint de sa santé avec le jeune docteur Antomarchi, se laissa fort examiner par lui, sourit de ses raisonnements, et lui déclara, comme à tous ses médecins, qu'il voulait *mourir de la maladie, et non des remèdes.* Il le chargea d'aller aux hôpitaux de la garnison pour étudier les altérations organiques que le climat développait chez les Européens, lui disant qu'il pourrait y recueillir quelques lumières utiles pour l'accomplissement de sa mission. Il s'entretint ensuite avec les deux prêtres, et les trouva l'un et l'autre aussi naïfs qu'ignorants. — Je reconnais bien à ces choix, s'écria-t-il, mon oncle Fesch. Toujours le même esprit, le même discernement ! Ce médecin ne sait rien en croyant beaucoup savoir, et m'envoyer un tel docteur, à moi qui n'écouterais que Corvisart, c'est vraiment perdre sa peine ! Quant aux deux prêtres, je me suis entretenu avec eux de sujets religieux (car de quels sujets s'entretenir lorsque la mort est si près ?), *mais au premier entretien, les voilà hors de combat.* Il me fallait un prêtre savant, avec lequel je pusse discourir sur les dogmes du christianisme. Certes il ne m'aurait pas rendu plus croyant en Dieu que je ne le suis, mais il m'aurait édifié peut-être sur quelques points importants de la croyance chrétienne. Il est si doux d'approcher de la tombe avec la foi absolue des catholiques! Mais je n'ai rien de pareil à attendre de mes deux prêtres. Pourtant ils me diront la messe, et ils seront bons au moins à cela! —

Il y avait à Longwood une vaste salle à manger dont Napoléon ne se servait plus, car depuis les brouilles survenues entre ses amis, il déjeunait et dînait seul, pour ne pas les mettre en présence à l'heure de leurs repas. Cependant, depuis le départ de madame de Montholon, il mangeait avec M. de Montholon, dans l'une des deux pièces où s'écoulait sa vie. Il fit convertir la grande salle à manger en chapelle, et voulut qu'on y célébrât la messe tous les dimanches. Il n'obligeait personne à y venir, mais il approuvait ceux qui s'y rendaient (c'était le plus grand nombre), et il trouvait dans cette messe, dite tous les dimanches sur un rocher désert, un charme qui tenait à tous ses souvenirs d'enfance réveillés à la fois. Jamais on ne l'entendit gourmander personne pour avoir manqué à ce devoir religieux, mais il ne souffrait pas le moindre mot inconvenant sur ce sujet. Le jeune Antomarchi s'étant permis quelques propos qui lui déplurent,

il le réprima durement, lui disant qu'il admettait,
quant à lui, que l'on fût croyant ou qu'on ne le fût
pas, et qu'il n'en concluait rien pour ni contre
personne; mais que ce qu'il ne souffrait pas, c'était
le défaut de respect à l'égard de la religion la plus
vénérable du genre humain, et qui pour des Français et des Italiens était leur religion nationale. Ces
paroles furent prononcées avec une autorité qui
n'admettait pas de réplique, surtout envers un
homme auquel on ne répliquait guère, même à
Sainte-Hélène. Napoléon ajouta, en s'adressant à
ceux qui assistaient à ce dialogue : Si les hommes
ne vont pas à la messe, savez-vous où ils iront?
Chez Cagliostro ou chez mademoiselle Lenormand.
Franchement, la messe vaut mieux. —

Par le vaisseau qui avait amené le médecin et
les deux prêtres, étaient arrivées plusieurs caisses
remplies de livres. Napoléon, tout affaibli qu'il
était, voulut qu'elles fussent ouvertes en sa présence. Après avoir fait la revue d'une partie des
volumes, il s'écria qu'il devait y avoir autre chose,
et qu'à un père on n'envoyait pas seulement des
livres. En effet, on avait caché au fond de l'une
des caisses un portrait du duc de Reichstadt, que
le prince Eugène s'était procuré, et qui avait été
peint d'après nature. Napoléon s'en saisit avec
transport, le contempla longtemps, et le fit placer

dans sa chambre de manière à l'avoir toujours sous les yeux. Il revint au dépouillement des livres, n'y trouva pas l'exemplaire de Polybe, qu'il désirait comme principal historien d'Annibal, et s'en plaignit vivement. Il rencontra plusieurs ouvrages qui avaient trait à l'histoire contemporaine. Il les lut avec avidité, tantôt souriant, tantôt s'irritant, et se mit à les couvrir de notes.

Sa santé donnait chaque jour de plus vives inquiétudes, et de tout ce que lui avait dit le docteur Antomarchi une seule chose avait produit quelque impression sur son esprit, parce qu'elle s'accordait avec ce qu'avaient répété les docteurs O'Meara et Stokoe, et avec ce qu'il avait éprouvé lui-même, c'est que l'exercice lui était indispensable, et que c'était l'unique moyen de guérison. Cette médecine était effectivement la seule à laquelle il eût quelque confiance, mais sa répugnance à sortir suivi d'un officier à cheval était toujours la même. Le docteur Antomarchi lui dit alors que le cheval était un bon exercice, mais qu'il y en avait d'autres, et que bêcher la terre serait tout aussi sain. Ce fut pour Napoléon un véritable trait de lumière, qui lui procura quelques bons moments, les derniers de sa vie.

Sur-le-champ il résolut de se livrer à ce nouvel exercice, et obligea la colonie entière à s'y livrer avec lui. On entrait dans l'année 1820, et le temps était magnifique. Napoléon voulut que tout le monde à Longwood, levé comme lui à quatre heures du matin, prît la bêche et travaillât au jardin. Personne n'était exempt de cette corvée, et tous ses compagnons d'exil, depuis MM. de Montholon, Bertrand, Marchand, jusqu'aux derniers domestiques, même les Chinois, travaillaient sous sa direction. Cette occupation apportant une diversion aux ennuis de l'exil leur plaisait à tous, mais elle leur aurait déplu qu'ils s'y seraient prêtés volontiers, en voyant qu'elle faisait du bien à leur maître, et qu'elle l'amusait. Effectivement en très-peu de jours l'amélioration fut visible, et comme à la fin de l'année précédente, son teint moins livide, ses jambes moins enflées, son dégoût des aliments moins prononcé, ses vomissements moins fréquents, pouvaient faire espérer un rétablissement durable. Depuis longtemps Napoléon avait quitté l'habit militaire, et n'en avait conservé que la culotte blanche et les bas de soie, surmontés d'un habit civil. Il prit alors le costume des planteurs. Vêtu d'une étoffe de l'Inde blanche et légère, la tête couverte d'un chapeau de paille, un bâton à la main, il dirigeait les travaux en véritable officier du génie. Son premier ouvrage consista dans un épaulement en terre gazonnée qu'il opposa au vent du sud-est, et qui fut bientôt assez élevé pour garantir le jardin et la maison de ce vent odieux. Puis il transplanta des arbres, des citronniers, et notamment un chêne, arbre si désiré de lui, et qui seul a survécu de ce jardin cultivé par ses glorieuses mains. L'eau manquait, et il la fit venir d'un réservoir que sir Hudson Lowe avait ordonné de construire au pied du pic de Diane. Cette eau adroitement dirigée dans le jardin de Longwood le couvrit bientôt de verdure, car sous ces climats dévorants, si l'eau se joint au soleil, la végétation pousse à vue d'œil. Napoléon eut en peu de temps des légumes, et il prit plaisir à les faire servir sur sa table. Sir Hudson Lowe averti des nouveaux goûts de l'illustre captif, lui fit offrir des plantes, des instruments, des ouvriers. Napoléon accepta une partie des offres du gouverneur, et au bout de deux mois, grâce aux efforts de toute sa maison, son jardin avait changé de face, et avec le jardin sa santé et son humeur. Il travaillait et faisait travailler dès quatre heures du matin jusqu'à dix ou onze heures, moment où la chaleur devenait incommode. Alors il déjeunait sous une tente avec ses gens assis à deux tables, une pour lui et ses principaux compagnons d'exil, l'autre pour ses domestiques. Après le déjeuner il prenait du repos, en faisait prendre à tous, puis finissait la journée en continuant ses lectures et ses dictées.

Le lendemain il recommençait avec le même zèle, et dans cette animation d'esprit qui ne devait se soutenir que bien peu de temps, il reparaissait gai, aimable, tour à tour spirituel ou profond. Quelquefois, à propos de la végétation ou de quelques insectes, il s'élevait sur Dieu et la création aux plus hautes, aux plus éloquentes considérations. D'autres fois il traduisait en images piquantes et pittoresques des vérités physiques qui se révélaient à lui par la simple observation des faits. Un de ses domestiques chinois en creusant un des canaux d'arrosage avait atteint la racine d'un if, et comme Marchand signalait ce dommage, Napoléon disait à ce dernier : Si tu avais faim, et qu'un repas succulent fût servi derrière toi, tu te retournerais bien pour assouvir ton appétit. Eh bien, cet arbre fera de même. Ses racines, qu'on est forcé d'atteindre ici, se détourneront en arrière, et l'arbre après avoir souffert un moment reprendra sa vigueur. —

En travaillant ainsi de ses mains il avait pu reprendre son travail de tête, car avec ce retour de santé, dû à un retour de vie active, il s'était produit chez lui un réveil d'esprit tout à fait remarquable. Il dictait la vie de César alors, ou bien chargeait de notes saisissantes certains ouvrages contemporains qu'on lui avait envoyés d'Europe. Il

avait annoté déjà les œuvres de M. de Pradt; en
ce moment, commencement de 1820, il s'était mis
à annoter l'ouvrage sur les Cent-Jours de M. Fleury
de Chaboulon, jeune homme rempli de bonnes intentions, mais parlant souvent de ce qu'il igno-
rait ou ne comprenait pas. Napoléon avait attaché
aux pages de cet ouvrage des notes pleines d'indulgence pour l'auteur et de révélations curieuses
pour l'histoire. Il s'occupait aussi, et d'une manière toute différente, d'un livre autrement sérieux,
celui du général Rogniat, sur les principes de la
guerre. Le général Rogniat avait été un officier du
génie dés plus remarquables; mais un esprit peu
juste et malveillant déparait ses qualités militaires.
Son ouvrage, outre qu'il était la plupart du temps
chimérique, était un acte peu généreux envers le
détenu de Sainte-Hélène, qu'il avait servi avec
soumission et qu'il dénigrait aujourd'hui sans ménagement. Napoléon ressentit au sujet de ce livre
une véritable colère, sans inquiétude du reste pour
sa gloire. — Si le grand Frédéric, dit-il, vivait et
critiquait mes campagnes, cela pourrait devenir
sérieux, et en tout cas j'aurais de quoi lui répondre;
mais ces gens-là, ajoutait-il en parlant du général
Rogniat et de quelques autres, ne sont pas capables
de m'alarmer. — Quoique traitant de la sorte le
général Rogniat, il lui fit l'honneur d'une réponse

en forme de notes, laquelle vaudra à l'ouvrage ainsi
annoté une immortalité qu'il n'aurait certainement
pas obtenue sans ce secours. Napoléon dans ses
notes a tracé, en un style sans pareil par la
clarté, la concision, la vigueur, les principes de
son art jusqu'en leurs moindres détails, et il y a
joint ce dont il était plein, un précis en quelques
pages des campagnes des plus célèbres capitaines.
Jamais on ne parla plus grandement et plus simplement de choses plus grandes, car les hommes
et les choses dont il s'agissait, c'étaient Alexandre,
Annibal, César, Frédéric, Napoléon, et leurs actions ramenées à des principes généraux sur la politique et la guerre. Ajoutons que la médiocrité
dénigrante ne fut jamais châtiée plus cruellement
et de plus haut.

Mais ce fut là le dernier éclair de son génie, et
on peut dire de sa vie. Ayant déployé pendant quelques mois une activité singulière, il déclina rapidement avec la belle saison, et sa santé, dans la
seconde partie de l'année 1820, fut des plus mauvaises. De nouveau il devint sédentaire, triste, paresseux de corps, paresseux même d'esprit, et
n'eut que le temps d'achever les vies de César, de
Turenne et de Frédéric. Enfin vers les derniers
mois de 1820 la saison, redevenue belle dans cet
hémisphère, ne put le ranimer. Il ne faisait plus

d'exercice, sentait ses jambes enfler, ses pieds se refroidir, son estomac se soulever à la présence des aliments. De ce moment, il ne douta plus de sa fin prochaine, et, sauf le regret de n'avoir pas achevé tout ce qu'il avait projeté d'écrire, il vit approcher la mort avec une sorte de satisfaction.

Jamais il n'avait songé sérieusement à une évasion. L'île était surveillée de manière à ne pas laisser passer le moindre esquif, et d'ailleurs la garde autour de sa personne était telle, qu'il lui eût été impossible de se dérober pendant plus de quelques heures sans être retrouvé, fût-il caché dans les plus profonds replis de l'île. Il se peut même que l'aversion qu'il éprouvait pour l'officier chargé de le suivre eût pour motif principal l'impossibilité d'échapper ainsi à ses gardiens. Toujours est-il qu'il regardait une évasion comme à peu près impraticable. Une autre raison plus forte encore le portait à n'y pas songer. Contemplant la marche des choses en profond observateur, il s'apercevait tous les jours que, sans oublier sa gloire, le monde s'arrangeait de manière à se passer de lui. Il se considérait par ce motif comme à jamais exclu de la scène. Sa seule espérance eût été d'obtenir un autre séjour. Mais, bien qu'il remarquât un changement dans les esprits en Angleterre, il ne regardait pas le triomphe des whigs comme très-prochain, et ne supposait pas d'ailleurs qu'ils fussent jamais capables de lui rendre la liberté. Il avait reçu de lord et lady Holland de touchants témoignages d'intérêt, car cette noble famille avait pensé qu'on pouvait garder ce grand captif sans le torturer. Elle lui avait envoyé des livres, des fruits, des vins, et ce qui était plus doux pour lui, des assurances de sympathie qui lui prouvaient qu'il n'était pas l'objet de la haine universelle. Mais de ces témoignages individuels à une grande résolution du gouvernement en sa faveur, il y avait loin. Il était donc sans espérance, et la mort est l'espérance de qui n'en a plus. Quelques écrits à terminer étaient un motif d'accepter une prolongation de vie, mais un faible motif pour la désirer, car que pouvaient ajouter à sa renommée quelques pages de plus? Précieuses pour un très-petit nombre d'hommes capables de les juger, elles n'ajouteraient pas un atome à l'immensité de sa gloire. Il voyait donc la mort sans cette horreur qu'elle inspire aux êtres animés, et si, dans certains instants, il se retrouvait encore chez lui quelques-uns de ces appétits obscurs de la vie qui sont un pur effet de l'instinct physique, son âme entière accueillait la mort comme une amie, qui venait de ses mains lui ouvrir l'affreuse prison de Sainte-Hélène. D'ailleurs des circonstances de détail le confirmaient dans cette disposition.

M. de Montholon, malgré le départ de sa femme et de ses enfants, restait à Sainte-Hélène sans laisser apercevoir le moindre désir de les suivre, mais ce dévouement ne pouvait être éternel, car il fallait bien que le général finît par songer à sa famille, retournée sans lui en Europe. La famille Bertrand, logée à quelque distance de Longwood, toujours assidue mais triste, avait aussi de nombreux enfants à élever, et ne pouvait pas plus longtemps négliger ce devoir. Madame Bertrand en effet avait fait annoncer respectueusement à Napoléon qu'elle quitterait bientôt Sainte-Hélène pour ce motif. Bien que très-éloigné de blâmer une telle détermination, Napoléon en fut vivement affecté. Il comprit que le grand maréchal ne pouvait pas laisser sa femme partir seule pour un aussi long voyage que celui d'Europe, et il l'autorisa à prendre un congé dont la durée devait dépendre des circonstances. Bien que la famille Bertrand, par la distance qui la séparait de Longwood, par la nature de son humeur, apportât moins de douceur à sa vie que la famille Montholon, il appréciait la noble probité du grand maréchal, l'élévation de cœur de sa femme, et il fut très-sensible au chagrin de voir la colonie exilée bientôt réduite à M. Marchand tout seul. — Tu n'as point d'enfants à élever, disait-il à ce dernier, et tu me fermeras les yeux. Tu me feras la lecture, tu écriras encore quelques pages, et puis tu partiras. Mais, je le vois, il est temps que je m'en aille. —

Enfin s'ouvrit cette année 1821, qui devait être pour Napoléon la dernière de sa grande existence. Au commencement de janvier, il éprouva une amélioration de quelques jours, mais qui ne se soutint pas. — C'est un répit d'une semaine ou deux, dit-il, après quoi la maladie reprendra son cours. — Il dicta encore à Marchand quelques pages sur César, et ce furent les dernières. A peu près à cette époque, on apprit par les journaux la mort de sa sœur Élisa. Il y fut très-sensible. C'était la première personne de sa famille qui mourait depuis qu'il avait l'âge de raison. — *Allons*, dit-il, *elle me montre le chemin; il faut la suivre*. — Bientôt les symptômes qui s'étaient déjà produits reparurent avec toute leur force. Napoléon avait le teint livide, le regard toujours puissant, mais les yeux caves, les jambes enflées, les extrémités froides, l'estomac d'une susceptibilité telle qu'il rejetait tous les aliments avec accompagnement de matières noirâtres. Le mois de février s'écoula ainsi sans aucune amélioration, et en amenant au contraire des symptômes plus graves. Ne digérant aucun aliment, l'auguste malade s'affaiblissait chaque jour. Une soif ardente commençait à le

tourmenter ; son pouls si lent s'animait et devenait fiévreux. Il aurait voulu de l'air, et il ne
pouvait en supporter l'impression. La lumière
le fatiguait ; il ne quittait plus les deux petites
chambres où étaient tendus ses deux lits de campagne, et se faisait transporter de l'un à l'autre. Il
ne dictait plus, mais il se faisait lire Homère et
les guerres d'Annibal dans Tite-Live, ne pouvant
se les faire lire dans Polybe qu'il n'avait pu se
procurer.

Le mois de mars amena un état plus grave encore, et le 17, désirant respirer librement, il se fit
mettre en voiture, mais à peine en plein air il
faillit s'évanouir, et fut replacé dans le lit où il
devait expirer. — Je ne suis plus, dit-il, ce fier
Napoléon que le monde a tant vu à cheval. Les
monarques qui me persécutent peuvent se rassurer, je leur rendrai bientôt la sécurité... — Les
fidèles serviteurs de Napoléon ne le quittaient pas.
Marchand et Montholon veillaient jour et nuit à son
chevet, et il leur en témoignait une extrême gratitude. Le grand maréchal avait annoncé que ni lui
ni sa femme ne partiraient, et Napoléon l'en avait
cordialement remercié. Le grand maréchal demandant pour sa femme la permission de le visiter :
Je ne suis pas bon à voir, avait-il répondu. Je re-
cevrai madame Bertrand quand je serai mieux.

Dites-lui que je la remercie du dévouement qui l'a retenue six années dans ce désert. —

Arrivé à cet état désespéré, ne sortant plus, ne voyant que ses amis les plus chers, ne pouvant supporter ni l'air ni la lumière, il était devenu pour ses gardiens absolument invisible. Le malheureux Hudson Lowe en était saisi de terreur, comme si une maladie aussi grave, et le chagrin qui éclatait sur tous les visages à Longwood, avaient pu être une feinte destinée à cacher une évasion. L'officier de service, plein d'égards, n'avait aucun doute, et tâchait de rassurer le gouverneur en lui disant que la maladie était vraie, et qu'il était inutile de tourmenter l'illustre captif pour chercher à le voir. Sir Hudson Lowe ne partageait guère cette sécurité, et trouvait les commissaires aussi inquiets que lui. L'Autriche avait rappelé M. de Sturmer, car elle savait bien qu'il n'y avait pas à craindre que l'Angleterre laissât jamais échapper sa proie, et dès lors la présence d'un envoyé autrichien ne servait qu'à la rendre responsable aux yeux de l'opinion universelle des traitements infligés au gendre de François II. M. de Balmain avait épousé la fille de sir Hudson Lowe, et partageait en général son avis. Quant à M. de Montchenu, le commissaire français, il désirait ardemment acquérir la certitude de la présence du prisonnier, et voulait qu'on prît les moyens nécessaires pour sortir du doute où l'on était. Sous l'empire de ces impressions, sir Hudson Lowe ordonna enfin à l'officier de service de forcer la porte du malade, s'il le fallait, pour s'assurer de sa présence, car il y avait quinze jours qu'on n'avait pu s'en convaincre de ses propres yeux. L'officier de service, se conduisant avec une extrême délicatesse, fit part à MM. Marchand et de Montholon de son embarras, en leur affirmant du reste qu'il n'exécuterait pas l'ordre de forcer la porte de Napoléon, mais les supplia de le tirer de peine en lui fournissant le moyen de l'apercevoir. M. de Montholon qui ne voyait pas toujours, comme le grand maréchal, l'honneur de Napoléon en jeu dans ces tracasseries, s'entendit avec l'officier de service qu'il fit placer à une des fenêtres, puis entr'ouvrit cette fenêtre au moment où on transportait le malade d'un lit à l'autre. L'officier put voir sa noble figure déjà décolorée et amaigrie par la mort, et se hâta d'écrire au gouverneur qu'on ne jouait point à Longwood une affreuse comédie. —

A peine ce malheureux gouverneur était-il délivré d'une crainte qu'il était assailli par une autre, et après avoir appréhendé une évasion, il se reprochait maintenant de laisser mourir son prisonnier sans secours. Il insista donc pour faire adjoindre un médecin de l'île au docteur Antomarchi, ce qui lui procurerait un témoin quotidien de la présence de Napoléon, des nouvelles de sa maladie, et servirait de réponse à ceux qui en Europe l'accuseraient d'avoir privé le glorieux malade des secours de l'art. Le docteur Antomarchi demandait lui-même pour sa responsabilité qu'on lui adjoignît un ou deux médecins. Mais Napoléon s'y refusait, ne voulant pas qu'on le tourmentât pour des essais de guérison au succès desquels il ne croyait point. Pourtant il y avait à Sainte-Hélène un médecin, appartenant au 20ᵉ régiment, et jouissant de l'estime générale. Napoléon, cédant aux instances de ses amis, consentit à l'admettre auprès de lui, l'accueillit avec bienveillance, lui répéta ce qu'il avait déjà dit plusieurs fois en parlant de sa santé, que c'était *une bataille perdue*, feignit d'accepter ses conseils, mais ne les suivit point, voulant, disait-il, mourir en repos.

Il était ainsi arrivé aux derniers jours d'avril, n'ayant aucune espérance, n'en cherchant aucune, et regardant sa fin comme très-prochaine. Il résolut alors de faire son testament. Il lui restait environ quatre millions chez M. Laffite, plus les intérêts de ce capital, et quelques débris d'une somme d'argent confiée au prince Eugène. Sur cette dernière somme il avait pris deux ou trois cent mille francs, par l'intermédiaire de M. de Las Cases, lorsque celui-ci était retourné en Europe. Il avait pu ainsi sauver sa réserve de 350,000 francs en or qu'il avait apportée à Sainte-Hélène. Il en fit la distribution entre M. de Montholon, le grand maréchal, Marchand et ses autres serviteurs, pour leur fournir à tous le moyen de retourner en Europe et d'y faire leur premier établissement Sur les quatre millions environ restant en France, il en laissa deux à M. de Montholon, pour lui assurer un bien-être suffisant, 700 ou 800 mille francs à la famille Bertrand, environ 500 mille à Marchand. Il donna en outre à ce dernier le collier en diamants de la reine Hortense, et il l'adjoignit à MM. de Montholon et Bertrand comme exécuteur testamentaire, en récompense d'un dévouement qui ne s'était pas démenti. Il fit à ses autres serviteurs des legs proportionnés à leur condition, s'étudiant à leur ménager à tous une existence après sa mort. Quoique médiocrement satisfait du docteur Antomarchi, reconnaissant ses soins, il lui légua 100 mille francs, songea aussi à l'abbé Vignale, qui seul était resté des deux prêtres envoyés à Sainte-Hélène, et ne négligea pas même ses domestiques chinois, qui l'avaient bien servi. Ayant pourvu au sort de chacun selon ses moyens, il réunit les objets de quelque valeur, qui pouvaient être pour ceux auxquels il les laisserait de grands souvenirs, et par son testament même en disposa en faveur de son fils, de sa mère, de ses sœurs, de ses frères. Il n'oublia point la généreuse lady Holland, et lui légua une de ses tabatières. A ces legs il ajouta quelques paroles d'attachement pour Marie-Louise. Il ne conservait aucune illusion sur cette princesse, mais il voulait honorer en elle la mère de son fils.

Il consacra plusieurs jours à arrêter ces dispositions, puis à les écrire, et s'interrompit à diverses reprises, vaincu par la fatigue et les souffrances. Enfin il en vint à bout, et, fidèle à son esprit d'ordre, il fit rédiger un procès-verbal de la remise à ses exécuteurs testamentaires de son testament et de tout ce qu'il possédait, afin qu'aucune contestation ne pût s'élever après sa mort. Il recommanda qu'on observât à ses funérailles les rites du culte catholique, et que sa salle à manger, dans laquelle on lui disait la messe, fût convertie en chapelle ardente. Le docteur Antomarchi, écoutant ces prescriptions adressées à l'abbé Vignale, ne put se défendre d'un sourire. Napoléon trouva que c'était manquer de respect à son autorité, à son génie, à sa mort. — Jeune homme, lui dit-il d'un ton sévère, vous avez peut-être trop d'esprit pour croire en Dieu : je n'en suis pas là... *N'est pas athée qui veut.* — Cette leçon sévère, donnée en des termes dignes du grand homme expirant, remplit d'embarras le jeune médecin, qui se confondit en excuses, et fit profession des croyances morales les plus saines.

Ces préparatifs de mort avaient fatigué Napoléon et pour ainsi dire hâté sa fin. Néanmoins il éprouva une sorte de soulagement moral et physique en voyant ses affaires définitivement réglées, et le sort de ses compagnons assuré selon ses moyens. Souriant à la mort avec autant de dignité que de grâce, il dit à Montholon et à Marchand qui ne le quittaient point : *Après avoir si bien mis ordre à ses affaires, ce serait vraiment dommage de ne pas mourir.* —

La fin d'avril était arrivée, et à chaque instant le mal devenait plus menaçant et plus douloureux. Les spasmes, les vomissements, la fièvre, la soif ardente, ne cessaient pas. Napoléon prenait de temps en temps quelques gouttes d'une eau fraîche qu'on avait trouvée au pied du pic de Diane, dans l'exposition où il aurait voulu que sa demeure fût placée, et il en ressentait un peu de bien. — Je désire, dit-il, être enterré sur les bords de la Seine, si c'est jamais possible, ou à Ajaccio dans l'héritage de ma famille, ou enfin si ma captivité doit durer pour mon cadavre, au pied de la fontaine à laquelle j'ai dû quelque soulagement. — On le lui promit avec des larmes, car on ne lui cachait plus un état qu'il voyait si bien. — Vous allez, dit-il à ses amis qui l'entouraient, retourner en Europe. Vous y reviendrez avec le reflet de ma gloire, avec l'honneur d'un noble dévouement. Vous y serez considérés et heureux. Moi je vais rejoindre Kléber, Desaix, Lannes, Masséna, Bessières, Duroc, Ney!... Ils viendront à ma rencontre... ils ressentiront encore une fois l'ivresse de la gloire humaine... Nous parlerons de ce que nous avons fait, nous nous entretiendrons de notre métier avec Frédéric, Turenne, Condé, César, Annibal... Puis s'arrêtant Napoléon ajouta avec un singulier sourire : *A moins que là-haut comme ici-bas on n'ait peur de voir tant de militaires ensemble.* — Ce léger badinage mêlé à ce langage solennel émut vivement les assistants. Le 1er mai, l'agonie sembla s'annoncer, et les souffrances devinrent presque continuelles. Le 2, le 3, Napoléon parut consumé par la fièvre, et en proie à des spasmes violents. Dès que la souffrance lui laissait quelque répit, son esprit se réveillait radieux, et il montrait autant de lucidité que de sérénité. Dans l'un de ces intervalles, il dicta sous le titre de première et seconde rêverie, deux notes sur la défense de la France en cas d'invasion. Le 3, le délire commenca, et à travers ses paroles entrecoupées on saisit ces mots : *Mon fils... l'armée... Desaix...* — On eût dit à une certaine agitation qu'il avait une dernière vision de la bataille de Marengo regagnée par Desaix. Le 4, l'agonie dura sans interruption, et la noble figure du héros parut cruellement tourmentée. Le temps était horrible, car c'était la mauvaise saison de Sainte-Hélène. Des rafales de vent et de pluie déracinèrent quelques-uns des arbres récemment plantés. Enfin le 5 mai, on ne douta plus que le dernier jour de cette existence extraordinaire ne fût arrivé. Tous les serviteurs de Napoléon agenouillés autour de son lit épiaient les dernières lueurs de la vie. Malheureusement ces dernières lueurs étaient des signes de cruelles souffrances. Les officiers anglais placés à l'extérieur recueillaient avec un intérêt respectueux ce que les domestiques leur apprenaient des progrès de l'agonie. Vers la fin du jour la douleur s'affaissant avec la vie, le refroidissement devenant général, la mort sembla s'emparer de sa glorieuse victime. Ce jour-là le temps était redevenu calme et serein. Vers cinq heures quarante-cinq minutes, juste au moment où le soleil se couchait dans des flots de lumière, et où le canon anglais donnait le signal de la retraite, les nombreux témoins qui observaient le mourant s'aperçurent qu'il ne respirait plus, et s'écrièrent qu'il était mort. Ils couvrirent ses mains de baisers respectueux, et Marchand qui avait emporté à Sainte-Hélène le manteau que le Premier Consul portait à Marengo, en revêtit son corps, en ne laissant à découvert que sa noble tête.

Aux convulsions de l'agonie, toujours si pénibles à voir, avait succédé un calme plein de majesté. Cette figure d'une si rare beauté, revenue à la maigreur de sa jeunesse et revêtue du manteau de Marengo, semblait avoir rendu à ceux qui la contemplaient le général Bonaparte dans toute sa gloire.

Le gouverneur, le commissaire français voulurent repaître leurs yeux de ce spectacle, et montrèrent devant cette mort aussi extraordinaire que la vie qu'elle terminait, le respect qu'ils lui devaient.

Napoléon avait expié, durant les six années qui venaient de s'écouler, la peur qu'il causait au monde, et ceux qui étaient chargés de le détenir avaient cédé à cette peur, avec plus ou moins de cruauté (car la peur est cruelle), selon qu'ils étaient plus ou moins éloignés de la victime. Les officiers de service la voyant de près, ne pouvaient s'empêcher de s'intéresser à elle, et d'alléger ses fers, quand ils en avaient le moyen. Sir Hudson Lowe qui ne la voyait pas directement, était tracassier, quelquefois persécuteur par défiance ou ressentiment, et parfois aussi se laissait attendrir au récit des souffrances de son prisonnier. A deux mille lieues de là, lord Bathurst ne voyant absolument rien des souffrances de la victime, et tout plein des passions de l'Europe, s'était montré impitoyable. Il a laissé ainsi un triste legs à sa patrie, car, si la justice dit qu'on avait le droit de garder Napoléon, elle dit aussi qu'on n'avait ni le droit de le torturer, ni celui de l'humilier.

Conformément aux instructions de Napoléon, son autopsie fut faite, et on dut en conclure qu'un cancer à l'estomac avait été la cause principale de sa mort. Le foie légèrement tuméfié attestait que le climat avait exercé une certaine influence sur son état, mais la moins décisive. Ce qui est incontestable, c'est que le chagrin, le désespoir caché, le défaut d'exercice surtout, avaient précipité la marche de la maladie, et avancé sa fin d'un nombre d'années impossible à déterminer.

L'inspection du corps révéla plusieurs blessures, quelques-unes très-légères, et trois fort distinctes. De ces trois la première était à la tête, la seconde au doigt annulaire de la main gauche, la troisième à la cuisse gauche, celle-ci très-profonde, provenant d'un coup de baïonnette reçu au siége de

Toulon. C'est la seule dont l'origine puisse être historiquement assignée. Des mesures prises et de la description exacte du cadavre, il résulte que Napoléon avait cinq pieds deux pouces (pieds français), le corps bien proportionné dans toutes ses parties, le pied et la main remarquables par la régularité de leur forme, les épaules larges, la poitrine développée, le cou un peu court, mais portant ferme et droite la tête la plus vaste, la mieux conformée dont la science anatomique ait constaté l'existence, enfin un visage dont la mort avait respecté la beauté, dont les contemporains ont conservé un souvenir ineffaçable, et dont la postérité, en le comparant aux plus célèbres bustes antiques, dira qu'il fut un des plus beaux que Dieu ait donnés pour expression au génie. Sa vie si pleine et qui semble comprendre des siècles n'avait duré que cinquante-deux ans. MM. de Montholon et Marchand l'avaient revêtu de l'uniforme qu'il portait le plus volontiers, celui des chasseurs de la garde, et du petit chapeau qui avait toujours recouvert sa tête puissante. Un seul prêtre et quelques amis prièrent pendant plusieurs jours près de ce corps inanimé : éclatant contraste (conforme à toute cette fin de carrière) d'une profonde solitude autour de l'homme que l'univers avait entouré et adulé! Pourtant, à l'honneur du soldat, il faut dire

que les militaires anglais ne cessèrent de défiler
autour de son cercueil pendant qu'il resta exposé.
Enfin, lorsque le tombeau qui devait le contenir,
et qui avait été placé près de la fontaine à laquelle
il avait dû un peu de soulagement, fut terminé,
ses amis, suivis du gouverneur, de l'état-major de
l'île, des soldats de la garnison, des marins de
l'escadre, le portèrent au lieu où il devait reposer,
jusqu'au jour où, selon ses désirs, il a été transporté sur les bords de la Seine. Les soldats anglais
firent entendre à ce corps inanimé les derniers
éclats du canon, et ses compagnons d'exil, après
s'être agenouillés sur la tombe qui venait de recevoir la plus grande existence humaine depuis
César et Charlemagne, se préparèrent à regagner
l'Europe. Pour achever la longue suite de leçons
qui sortent de cette tombe, ajoutons qu'ils furent
accueillis avec un intérêt général, même en Angleterre, et que l'infortuné Hudson Lowe, simple
exécuteur des volontés de son gouvernement, fut
reçu avec froideur par ses compatriotes, avec in-
gratitude par les ministres auxquels il avait obéi,
et par ses amis eux-mêmes avec une sorte d'embarras. Éternelle justice d'en haut, déjà visible
ici-bas! Napoléon avait expié à Sainte-Hélène
les tourments causés au monde, et ceux qui
avaient été chargés de le punir expiaient le tort

de n'avoir pas respecté en lui la gloire et le génie!

Avant de terminer cette histoire, qu'on nous pardonnera d'avoir rendue si longue en considération de l'immensité des événements qu'elle embrasse, il nous reste à prononcer sur le personnage extraordinaire qui la remplit tout entière le jugement de la postérité, autant du moins qu'il appartient à un homme de s'en faire l'interprète, cet homme fût-il aussi juste, aussi éclairé que nous aurions non pas la prétention, mais le désir de l'être.

Napoléon était né avec un esprit juste, pénétrant, vaste, universel, et surtout prompt, avec un caractère aussi prompt que son esprit. Toujours en toutes choses il allait droit et sans détour au but. S'agissait-il d'un raisonnement, il trouvait à l'instant l'argument péremptoire, d'une bataille à livrer, il découvrait la manœuvre décisive. En lui, concevoir, vouloir, agir, étaient un seul acte indivisible, d'une rapidité incroyable, de manière qu'entre la pensée et l'action il n'y avait pas un instant perdu pour réfléchir et se résoudre. A un génie ainsi constitué opposer une objection médiocre, une résistance de tiédeur, de faiblesse ou de mauvaise volonté, c'était le faire bondir comme le torrent qui jaillit et vous couvre de son écume,

13

si vous lui opposez un obstacle inattendu. S'il eût embrassé l'une de ces carrières civiles où l'on ne parvient qu'en persuadant les hommes, en les gagnant à soi, peut-être il se fût appliqué à modérer, à ralentir les mouvements de son humeur fougueuse, mais jeté dans la carrière de la force, c'est-à-dire dans celle des armes, y apportant la faculté souveraine de découvrir d'un coup d'œil ce qu'il fallait faire pour vaincre, il arriva d'un premier élan à la domination de l'Italie, d'un second à la domination de la République française, d'un troisième à la domination de l'Europe, et quel miracle alors que cette nature que Dieu avait faite si prompte, que la victoire avait faite plus prompte encore, fût brusque, impétueuse, dominatrice, absolue dans ses volontés! Si hors du champ de bataille il se prêtait quelquefois aux ménagements qu'exigent les affaires civiles, c'était au sein du conseil d'État, et là même il tranchait les questions avec une sagacité, une sûreté de jugement qui étonnaient, subjuguaient ses auditeurs, excepté dans quelques cas très-rares où l'insuffisance de son savoir, quelquefois aussi la passion, l'avaient un moment égaré. Tout avait donc concouru, la nature et les événements, pour faire de ce mortel le plus absolu, le plus impétueux des hommes.

Pourtant en suivant son histoire ce n'est pas tout de suite et tout entière qu'on voit se déployer cette nature si fougueusement dominatrice. Maigre, taciturne, triste même dans sa jeunesse, triste de cette ambition concentrée qui se dévore jusqu'à ce qu'elle éclate au dehors et arrive au but de ses désirs, il prend peu à peu confiance en lui-même, se montre parfois tranchant comme un jeune homme, reste morose néanmoins, puis, lorsque l'admiration commence à se manifester autour de lui, il devient plus ouvert, plus serein, se met à parler, perd sa maigreur expressive, se dilate en un mot. Consul à vie, empereur, vainqueur de Marengo et d'Austerlitz, ne se contenant plus guère, mais toutefois se contenant encore, il semble à l'apogée de son caractère, et n'ayant alors qu'un demi-embonpoint, il rayonne d'une régulière et mâle beauté. Bientôt, voyant les peuples se soumettre, les souverains s'abaisser, il ne compte plus ni avec les hommes ni avec la nature. Il ose tout, entreprend tout, dit tout, devient gai, familier, intempérant de langage, s'épanouit complétement au physique et au moral, acquiert un embonpoint excessif, qui ne diminue en rien sa beauté olympienne, conserve dans un visage élargi un regard de feu, et si de ces hauteurs où on est habitué à le voir, à l'admirer, à le craindre, à le haïr, il descend pour être rieur, familier, presque vulgaire, il y remonte d'un trait après en être descendu un instant, sachant ainsi déposer son ascendant sans le compromettre; et quand enfin on le croirait moins actif ou moins hardi, parce que son corps semble lui peser ou que la fortune cesse de lui sourire, il s'élance plus impétueux que jamais sur son cheval de bataille, prouvant que pour son âme ardente la matière n'a point de poids, le malheur d'accablement.

Telle fut cette nature extraordinaire, dans ses développements successifs. Maintenant, si on considère Napoléon sous le rapport des qualités morales, il est plus difficile à apprécier, parce qu'il est difficile d'aller découvrir la bonté chez un soldat toujours occupé à joncher la terre de morts, l'amitié chez un homme qui n'eut jamais d'égaux autour de lui, la probité enfin chez un potentat qui était maître des richesses de l'univers. Toutefois, quelque en dehors des règles ordinaires que fût ce mortel, il n'est pas impossible de saisir çà et là certains traits de sa physionomie morale.

La promptitude était son caractère en toutes choses. Il s'emportait, mais revenait avec une facilité merveilleuse, presque honteux de son emportement, en riant même s'il le pouvait sans manquer de maintien, et rappelant, caressant du geste ou de la voix l'officier qu'il avait désolé par un éclat de sa colère. Quelquefois aussi ses colères étaient feintes, et destinées à intimider des subalternes infidèles à leur devoir. Mais sincères, elles n'avaient que la durée d'un éclair, feintes, la durée du besoin. Dès qu'il cessait de commander et d'avoir à contenir ou à exciter les hommes, il devenait doux, simple, équitable, de cette équité d'un grand esprit qui connaît l'humanité, apprécie ses faiblesses, et les lui pardonne parce qu'il les sait inévitables. A Sainte-Hélène, dépouillé de tout prestige, ne pouvant plus rien pour personne, n'ayant sur ses compagnons d'infortune que l'ascendant de son esprit et de son caractère, Napoléon ne cessa de les dominer d'une manière absolue, se les attacha par une bonté inaltérable, à ce point qu'après l'avoir craint la plus grande partie de leur vie, pendant l'autre ils l'aimèrent. Sur les champs de bataille il s'était fait une insensibilité, on peut dire effroyable, jusqu'à voir sans émotion la terre couverte de cent mille cadavres, car jamais le génie de la guerre n'avait poussé aussi loin l'effusion du sang humain. Mais cette insensibilité était de profession, si on ose ainsi parler. Souvent en effet, après avoir rempli un champ de bataille de toutes les horreurs de la guerre, Napoléon le parcourait le soir pour faire lui-même ramasser les blessés, ce qui pouvait n'être qu'un calcul, mais ce qui n'en était pas un, se jetait quelquefois à bas de cheval pour s'assurer si dans un mort apparent ne restait pas un être prêt à revivre. A Wagram apercevant un beau jeune homme, revêtu de l'armure des cuirassiers, étendu par terre, le visage presque couvert d'un caillot de sang, il descendait vivement de cheval, soulevait la tête du blessé, l'appuyait sur son genou, et avec un spiritueux actif réveillant la vie près de s'éteindre : *Il en reviendra,* disait-il en souriant... *c'est autant de sauvé!* — Ce ne sont pas là, certes, les mouvements d'une âme impitoyable.

Ordonné jusqu'à l'avarice, disputant un centime à des comptables, il distribuait des millions à ses serviteurs, à ses amis, à des malheureux. Découvrait-il qu'un de ses anciens compagnons d'Égypte, savant distingué, était dans la gêne sans le dire, il lui envoyait une somme considérable, en se plaignant du secret gardé à son égard. En 1813, ayant épuisé toutes ses économies, et apprenant qu'une dame de grande naissance, et jadis de grande opulence, manquait presque du nécessaire, il lui envoyait sur sa cassette 24,000 francs de pension (en valant bien 50,000 aujourd'hui), puis informé qu'elle avait quatre-vingts ans, *Pauvre femme,* ajoutait-il, *qu'on lui compte quatre années d'avance!* — Ce ne sont pas là, nous le répétons, les traits d'une âme sans bonté.

Ayant peu d'instants à donner aux affections privées, les écartant même par la distance à laquelle il s'était mis des autres hommes, il s'attachait néanmoins avec le temps, s'attachait fortement, jusqu'à devenir indulgent, presque faible, pour ceux qu'il aimait. C'est ainsi qu'à l'égard de ses proches, souvent irrité par leurs prétentions, et se montrant dur alors, il ne pouvait souffrir leur air chagrin, et pour les voir contents faisait quelquefois ce qu'il savait mauvais. Ne ressentant pour l'impératrice Joséphine qu'un goût que le temps avait dissipé, qu'une estime que beaucoup de légèretés avaient diminuée, il conserva pour elle, même après son divorce, une tendresse profonde. Il accorda quelques larmes à Duroc, mais en les cachant comme une faiblesse.

Quant à la probité, on ne sait comment la saisir chez un homme qui à peine arrivé au commandement disposa de richesses immenses. Devenu général en chef de l'armée d'Italie, maître des trésors de cette riche contrée, il mit d'abord son armée dans l'abondance, envoya à l'armée du Rhin de quoi la tirer de la misère, ne prit rien pour lui, tout au plus de quoi acheter une petite maison rue de la Victoire, qu'une année de ses appointements aurait suffi à payer, et s'il fût mort en Égypte aurait laissé une veuve sans fortune. Était-ce fierté d'âme, dédain des jouissances vulgaires, honnêteté enfin? Probablement il y avait de tout à la fois dans cette espèce d'abstinence, qui ne fut pas sans exemple parmi nos généraux, mais qui alors comme toujours n'était pas commune. Il poursuivait l'improbité avec un acharnement inexorable, ce qui pouvait tenir à l'esprit d'ordre qu'il apportait en toutes choses; mais ce qui était mieux, et ce qui approchait de la vraie probité, c'était le goût de la probité elle-même, quand il la rencontrait, c'était un véritable amour des honnêtes gens, poussé jusqu'à se complaire dans leur compagnie, et à le leur témoigner avec une sorte de vivacité.

Pourtant cet homme que Dieu, après l'avoir fait si grand, avait fait bon aussi, n'avait rien de la vertu, car la vertu consiste à se tracer du devoir une idée absolue, à lui soumettre tous ses penchants, à lui immoler tous ses appétits, moraux ou physiques, et ce ne pouvait être le cas de la nature la moins contenue qui fut jamais. Mais s'il n'eut à aucun degré ce qu'on appelle la vertu, il eut certaines vertus d'état, et celles notamment qui appartiennent au guerrier et au gouvernant. Il était sobre, ne donnait presque rien aux satisfac-

tions des sens, sans être chaste ne fut jamais surpris dans un grossier libertinage, ne passait (hors
les repas d'apparat) que peu d'instants à table,
couchait sur la dure, avec un corps plutôt débile
que fort, supportait sans s'en apercevoir des fati-
gues auxquelles auraient succombé les soldats les
plus vigoureux, devenait capable de tout quand
son âme était excitée par la poursuite des grandes
choses, faisait mieux que de braver le péril, n'y
pensait pas, et sans le rechercher ni l'éviter, se
trouvait partout où sa présence était nécessaire
pour voir, diriger, commander enfin. Si tel était
chez lui le caractère du soldat, celui du général
en chef n'était pas moins rare. Jamais on ne sup-
porta les anxiétés d'un immense commandement
avec plus de sang-froid, de vigueur, de présence
d'esprit. Si quelquefois il était bouillant, colère
même, c'est qu'alors *tout allait bien*, comme disaient les officiers habitués à son humeur. Dès
que le danger paraissait sérieux, il devenait calme,
doux, encourageant, ne voulant pas ajouter au
trouble qui naissait des circonstances celui qui serait résulté de ses emportements, se montrait
d'une sérénité parfaite, par habitude de se dominer
dans les situations graves, de calculer la portée
des périls, de trouver le moyen d'en sortir, et de
dompter ainsi la fortune. Né pour les grandes

extrémités, et en ayant pris une habitude sans
égale, lorsqu'il s'était mis par la faute de son ambition dans des positions affreuses, on le voyait
assister, en 1814 par exemple, au suicide de sa
propre grandeur avec un incroyable sang-froid,
espérant encore quand personne n'espérait plus,
parce qu'il découvrait des ressources où personne
n'en soupçonnait, et en tout cas s'élevant sur les
ailes du génie au-dessus de toutes les situations
qui pouvaient lui échoir, avec la résignation d'un
esprit qui se rend justice, et accepte le prix mérité de ses fautes.

Tel fut, selon nous, ce mortel si étrange, si
divers, si multiple. Si dans les traits principaux
de ce caractère on peut en détacher un plus sail-
lant que les autres, c'est évidemment l'intempérance, nous parlons de l'intempérance morale,
bien entendu. Prodige de génie et de passion, jeté
dans le chaos d'une révolution, il s'y déploie, s'y
développe, la domine, se substitue à elle et en
prend l'énergie, l'audace, l'incontinence. Succé-
dant à des gens qui ne se sont arrêtés en rien, ni
dans la vertu ni dans le crime, ni dans l'héroïsme
ni dans la cruauté, entouré d'hommes qui n'ont
rien refusé à leurs passions, il ne refuse rien aux
siennes. Ils ont voulu faire du monde une république universelle, il en veut faire une monarchie

également universelle; ils en ont fait un chaos, il
en fait une unité presque tyrannique; ils ont tout
dérangé, il veut tout arranger; ils ont voulu braver
les souverains, il les détrône; ils ont tué sur l'échafaud, il tue sur les champs de bataille, mais en
cachant le sang sous la gloire; il immole plus
d'hommes que jamais n'en ont immolé les conquérants asiatiques, et sur les terres restreintes
d'Europe, couvertes de populations résistantes, il
parcourt plus d'espace que les Tamerlan, les
Gengiskan n'en ont parcouru dans les vides de
l'Asie.

L'intempérance est donc le trait essentiel de sa
carrière. De là il résulte que ce profond capitaine,
ce sage législateur, cet administrateur consommé,
fut le politique nous dirions le plus fou, si Alexandre n'avait pas existé. Si la politique n'était qu'esprit, certes rien ne lui eût manqué pour surpasser
les hommes d'État les plus raffinés. Mais la politique est caractère encore plus qu'esprit, et c'est
par là que Napoléon pèche. Ah! lorsque jeune encore, n'ayant pas soumis le monde, il est obligé et
résigné à compter avec les obstacles, il se montre
aussi rusé, aussi fin, aussi patient qu'aucun autre!
Descendant en 1796 en Italie avec une faible armée, ayant à s'attacher les populations, il protége
les prêtres, ménage les princes, quoi qu'en puis-

sent dire les républicains de Paris. Transporté en Orient, ayant à craindre l'antipathie musulmane, il cherche à s'attirer les scheiks arabes, leur fait espérer sa conversion, quoi qu'en puissent dire les dévots de Paris, et réussit ainsi à se les attacher complétement. Plus tard, appliqué à une œuvre bien différente, celle du Concordat, il s'applique, par un prodigieux mélange d'adresse et d'énergie, à vaincre les préjugés de Rome, et ce qui les vaut bien, les préjugés des philosophes. Tout ce qu'il lui fallut en cette occasion de finesse, d'art, de constance, de force, nous l'avons exposé ailleurs, et de manière à prouver que rien ne lui manqua en fait de génie politique. Mais il n'était pas le maître alors, il se contenait! Devenu tout-puissant il ne se contint plus, et du politique il ne lui resta que la moindre partie, l'esprit : le caractère avait disparu.

Pourtant, ajoutons pour son excuse, que si la politique est quelque part hors de saison, c'est dans une révolution. Qui dit politique, dit respect et lent développement du passé; qui dit révolution au contraire, dit rupture complète et brusque avec le passé. La vraie politique en effet c'est l'œuvre des générations, se transmettant un dessein, marchant à son accomplissement avec suite, patience, modestie s'il le faut, ne faisant vers le but qu'un pas, deux au plus dans un siècle, et jamais n'aspirant à y arriver d'un bond : c'est l'œuvre d'Henri IV projetant, après avoir contenu les partis, d'abaisser les maisons d'Espagne et d'Autriche unies par le sang et l'ambition, transmettant ce grand dessein à Richelieu, qui le transmet à Mazarin, qui le transmet à Louis XIV, lequel le poursuit, jusqu'à ce qu'en plaçant à tout risque son petit-fils sur le trône d'Espagne, il sépare à jamais l'Espagne de l'Autriche : c'est en Prusse l'œuvre du grand électeur commençant l'importance militaire de sa nation, suivi d'abord de l'électeur Frédéric III qui prend la couronne, puis de Frédéric-Guillaume Ier qui pour soutenir le nouveau titre de sa famille s'applique à créer une armée et un trésor, enfin de Frédéric le Grand, qui, le moment de la crise venu, ajoutant l'audace à la longueur des desseins, fonde après un duel de vingt ans avec l'Europe la grandeur de la Prusse, et fait d'un petit électorat l'une des plus importantes monarchies du continent.

Il ne faut donc pas s'étonner si Napoléon, despote et révolutionnaire à la fois, ne fut point un politique, car s'il se montra un moment politique admirable en réconciliant la France avec l'Église, avec l'Europe, avec elle-même, bientôt en s'emportant contre l'Angleterre, en rompant la paix d'Amiens, en projetant la monarchie universelle après Austerlitz, en entreprenant la guerre d'Espagne qu'il alla essayer de terminer à Moscou, en refusant la paix de Prague, il fut pis qu'un mauvais politique, il présenta au monde le triste spectacle du génie descendu à l'état d'un pauvre insensé. Mais, il faut le reconnaître, ce n'était pas lui seul, c'était la Révolution française qui délirait en lui, en son vaste génie.

Et cependant ce mauvais politique fut un sage législateur, un administrateur accompli, et l'un des plus grands capitaines qui aient paru sur la terre. C'est que, sous ces divers rapports, le tourbillon révolutionnaire, au lieu d'être un obstacle, fut au contraire une occasion et un moyen. Il faut donc pour achever notre tâche, l'envisager sous les divers rapports du législateur, de l'administrateur, du capitaine.

La véritable école où Napoléon se forma comme organisateur fut celle de la guerre, et il n'y en a pas une meilleure, plus forte et plus pratique. Pour le vrai capitaine, bien calculer ses mouvements généraux, puis une fois arrivé sur le terrain bien combattre, n'est qu'une moitié de son art. Préparer ses ressources, c'est-à-dire recruter, instruire, vêtir, armer ses soldats au milieu des mouvements incessants et toujours si brusques de la guerre, est l'autre moitié, et toutes deux si importantes qu'on ne saurait dire laquelle des deux l'est davantage. En un mot, organiser et combattre, voilà les deux parties de leur art pour les vrais hommes de guerre. Pour les autres, et c'est malheureusement le grand nombre, recevoir de leur gouvernement leurs armées, les employer telles quelles, en se plaignant quelquefois de leur état sans songer à l'améliorer, est tout ce qu'ils savent faire. Il n'en fut point ainsi du jeune Bonaparte.

Franchissant les Apennins avec des soldats braves mais mourant de faim, son premier soin fut de porter sur les richesses de l'Italie une main discrète, probe, économe, d'en empêcher le gaspillage, de les employer à faire vivre son armée dans l'abondance, et à tirer de la misère l'armée du Rhin qui devait concourir à ses desseins. Transporté en Égypte où les ressources négligées abondaient autant qu'en Italie, il sut pourvoir à tous les besoins des soldats, en allégeant le pays qu'il débarrassa des exactions des mameluks et des incursions des Arabes. Ne pouvant recevoir de la mère patrie aucun matériel, il avait en quelques mois fabriqué de la poudre, des fusils, des canons, des draps, tout ce qui lui manquait enfin dans cette contrée lointaine. L'une des calamités de l'Égypte, c'étaient les incursions des Bédouins, fondant à l'improviste sur les terres cultivées, pillant, puis s'enfuyant pour ainsi dire au vol. Un jour voyant passer une caravane, il l'arrêta un moment, fit monter sur un chameau un, deux, trois fantassins avec leurs vivres et leurs cartouches, et cela fait, s'écria : *Maintenant nous sommes maîtres du désert.* — Le lendemain il créa le régiment des dromadaires, qui portait à toute distance, avec la rapidité des Bédouins eux-mêmes, quelques centaines de fantassins éprouvés, et qui corrigea les tribus arabes de leur goût du pillage, pour tout le temps au moins que les Français passèrent en Égypte. Un coup d'œil jeté sur les choses suffisait ainsi à son génie organisateur pour lui enseigner ce qu'il fallait faire, le faire promptement et sûrement.

Arrivé au gouvernement de la France qu'il trouva dans un vrai chaos, il éprouva bien plus encore qu'en Égypte et en Italie le besoin d'y rétablir l'ordre, le calme et la prospérité.

La doter d'une constitution politique fut ce qui l'occupa le moins. Les amis de la liberté (et nous sommes du nombre) reprochent à Napoléon de ne l'avoir pas donnée à la France. En partageant leurs sentiments, nous croyons qu'ils se trompent. Sous le rapport politique, en effet, il était impossible que Napoléon devînt un organisateur définitif, car la forme de notre gouvernement devait varier encore bien des fois sous le vent des révolutions, et la France, tantôt inclinant vers le pouvoir quand elle venait de souffrir des agitations de la liberté, tantôt inclinant vers la liberté quand elle venait de souffrir des excès du pouvoir, la France est allée flottant depuis trois quarts de siècle entre le despotisme et l'anarchie, comme un pendule déplorablement agité, sans se fixer, et sans qu'on puisse dire encore dans quelle forme elle s'arrêtera, bien qu'en observant la marche des choses on soit fondé à affirmer que ce ne sera pas celle du despotisme. Il ne pouvait donc, sous le rapport politique, être le législateur de la France, mais il pouvait l'être, et il le fut sous tous les autres.

Au lendemain des désordres de la Révolution, la politique qui naissait des circonstances, c'était non pas la politique de liberté, mais la politique de réparation. Après la banqueroute, les réquisitions, les confiscations, les emprisonnements, les exécutions sanglantes, on voulait de l'ordre dans les finances, du respect pour les personnes et les propriétés, des armées victorieuses, mais non réduites à piller pour vivre, du repos enfin et de la sécurité. Napoléon, animé de l'esprit réparateur, était donc dans la vérité de son rôle et des besoins publics. Mettant la main à toutes choses à la fois avec une activité prodigieuse, il refit d'abord la législation civile et criminelle, et toute l'administration. Quand nous disons qu'il refit la législation, nous n'entendons pas soutenir qu'il inventa le Code civil, par exemple. Prétendre inventer en ce genre, ce serait prétendre inventer la société humaine qui n'est pas d'hier, et qui est aussi ancienne que l'apparition de l'homme sur notre globe. Il existait en France des lois civiles, les unes empruntées au droit romain, telles que celles qui règlent les contrats entre les hommes, et qui ne sauraient varier de siècle en siècle, de pays en pays, et d'autres empruntées aux mœurs nationales, et essentiellement modifiables comme les mœurs, telles que celles qui président à l'organisation de la famille, aux conditions du mariage, aux successions, etc. Les premières n'avaient besoin que d'être reproduites dans un style clair, précis, exempt des ambiguïtés qui enfantent les procès. Les secondes devaient être modifiées suivant les principes de la vraie égalité, qui ne veut pas que les hommes soient tous égaux en biens, en richesses, en honneurs, même quand ils sont inégaux en talents et en vertus, mais qui veut qu'ils soient tous soumis aux mêmes lois, astreints aux mêmes devoirs, punis des mêmes peines, payés des mêmes récompenses, que les enfants d'un même père aient part égale à son héritage, sauf la faculté laissée à ce père de récompenser les plus dignes sans déshériter ceux qu'il a le tort de ne point aimer. Sur ces points comme sur presque tous, la Révolution française avait oscillé d'un extrême à l'autre, suivant les entraînements auxquels elle était livrée. Il fallait s'arrêter au point juste, entre les tendances rétrogrades et les tendances follement novatrices en fait de mariage, d'héritage, de testament, etc. Napoléon n'avait que l'instruction qu'il est possible de recevoir dans une bonne école militaire; mais il était né au milieu des vérités de 1789, et ces vérités qu'on peut méconnaître avant qu'elles soient révélées, une fois connues deviennent la lumière à la lueur de laquelle on aperçoit toutes choses. Se faisant chaque jour instruire par MM. Portalis, Cambacérès et surtout Tronchet, de la matière qu'on devait traiter le lendemain au Conseil d'État, il y pensait vingt-quatre heures, écoutait ensuite la discussion, puis, avec un souverain bon sens, fixait exactement le point où il fallait s'arrêter entre l'ordre ancien et l'ordre nouveau, et de plus, avec sa puissance d'application, forçait tout le monde à travailler. Il contribua ainsi de deux manières décisives à la confection de nos codes, en déterminant le degré de l'innovation, et en poussant l'œuvre à terme. Plusieurs fois avant lui on avait entrepris cette œuvre, et chaque fois cédant au vent du jour, on s'était livré à des exagérations dont bientôt on avait eu honte et regret, après quoi l'œuvre avait été abandonnée. Napoléon prit ce vaisseau échoué sur la rive, le mit à flot et le poussa au port. Ce navire c'était le Code civil, et personne ne peut nier que ce code ne soit celui du monde civilisé moderne. C'est assurément pour un jeune militaire une belle et pure gloire que d'avoir mérité d'attacher son nom à l'organisation civile de la société moderne, et c'en est une bien belle également pour la France, chez laquelle cette œuvre s'est accomplie! On pourra dire en effet que si l'Angleterre a eu le mérite de donner la meilleure forme politique des États modernes, la France a eu celui de donner par le Code civil la meilleure forme de l'état social, beau et noble partage de gloire entre deux nations les plus civilisées du globe!

Tandis que Napoléon s'occupait ainsi de la législation civile, il appliquait aussi à l'administration sa main expéditive et créatrice. Trouvant l'administration des provinces dans le même état que les autres parties du gouvernement, il fit comme pour la législation civile la part des notions du passé, des exagérations du présent, et, empruntant le vrai ici et là, il créa l'administration moderne. Le passé nous avait montré des états provinciaux s'administrant eux-mêmes, et jouissant, pour ce qui concernait les intérêts locaux, d'une étendue de pouvoirs presque complète. Pourvu qu'en fait de subsides la part de l'État fût assurée, la royauté laissait les provinces faire ce qu'elles voulaient, soit par un reste de respect pour les anciens traités de réunion, soit parce qu'elle avait ce sentiment confus que, ne donnant aucune liberté au centre, elle en devait laisser beaucoup aux extrémités. La royauté s'adjugeait ainsi tout pouvoir quant aux affaires générales, et abandonnait au pays le règlement des affaires locales. Ce contrat tacite devait tomber devant le grand phénomène de la Révolution française. Il n'était ni juste que la royauté pût tout sur les grandes destinées du pays, ni juste que les provinces pussent tout sur les affaires locales, car les destinées du pays devaient être ramenées à la volonté du pays lui-même, comme les intérêts de province à son inspection. Ces richesses dont les provinces disposent en ordonnant leurs dépenses, sont une partie de la richesse générale qu'elles ne doivent pas dissiper abusivement; ces règlements locaux que les communes établissent chez elles, touchant à l'industrie, aux marchés, à la nature des impôts, sont une partie de la législation sociale qu'il ne doit pas leur être permis d'établir d'après leurs vues particulières.

Le grand phénomène de l'unité moderne devait consister en ceci, que la royauté renonçant à tout faire seule quant aux affaires générales, les provinces renonceraient de leur côté à tout faire seules quant aux affaires particulières, qu'elles se pénétreraient mutuellement en quelque sorte, et se confondraient dans une puissante unité, dirigée par l'intelligence commune de la nation. Il devait dès lors y avoir au centre de l'État un chef du pouvoir exécutif entouré des principaux citoyens de la France pour les affaires générales, et dans les départements des chefs d'administration entourés des citoyens notables de la localité pour les affaires particulières, mais soumis eux-mêmes pour les affaires du gouvernement à son autorité, pour celles du département à sa surveillance. De là résultèrent le préfet et le conseil de département. Si les circonstances avaient permis au Premier Consul d'être conséquent avec les principes posés, il aurait dû rendre les conseils de département électifs. Mais au lendemain des affreuses convulsions qu'on venait de traverser, entre les furieux de 1793, odieux au pays, et les grands propriétaires revenant de l'émigration, l'élection eût été impossible, ou du moins sujette à de graves inconvénients. Il se la réserva, et choisit des hommes sages, modérés, qui pussent administrer tolérablement. C'était une

conséquence de sa dictature, qui devait être passagère et disparaître avec lui. Toutefois le principe était posé, celui d'un chef ou préfet administrant sous le contrôle d'un conseil, destiné à
être électif quand nos terribles divisions seraient
suffisamment apaisées.

Mais cette surveillance de l'État, pour l'étendue
des dépenses, le système des impôts, la nature
des règlements, il fallait l'exercer, et on ne pouvait la déléguer sans garantie au pouvoir exécutif,
représentant de l'État. Napoléon se servit d'une
institution que Sieyès lui avait fournie en l'empruntant à l'ancienne monarchie. Le Conseil royal,
entre autres affaires dont il s'occupait jadis, donnait son avis sur celles qui naissaient des relations
de l'État avec les provinces. Ces relations étant
devenues plus étroites sous le nouveau régime,
devaient naturellement revenir au Conseil d'État.
Napoléon, sans procéder théoriquement, mais se
servant de ce qu'il avait sous la main pour l'accomplissement de ses desseins, fit du Conseil
d'État le dépositaire de cette surveillance supérieure, qui constitue essentiellement ce qu'on
appelle la centralisation. Voulant que le budget des
communes et des départements fût contrôlé par
l'État, que leurs règlements fussent ramenés aux
principes de 1789, que telle commune ne pût pas

rétablir les jurandes, telle autre établir des impôts contraires aux doctrines modernes, que les conflits entre elles eussent un arbitre, il confia ces diverses questions au Conseil d'État, en le présidant lui-même avec une constance et une application infatigables. Sans ce régulateur, notre centralisation serait devenue le plus intolérable des despotismes. Mais conseil de prudence s'il s'agit des dépenses communales, modérateur s'il s'agit de laisser plaider les communes les unes contre les autres, législateur enfin s'il s'agit des règlements municipaux, le Conseil d'État est un régulateur éclairé, ferme, et même indépendant quoique nommé par le Pouvoir exécutif, parce qu'il puise dans ses fonctions un esprit administratif qui prévaut sur l'esprit de servilité, et qui, sous tous les régimes, après une docilité d'un moment au gouvernement nouveau, se relève presque involontairement, et reparaît, comme chez les végétaux vigoureux les branches reprennent leur direction après une gêne momentanée.

C'est en présidant ce conseil assidûment quand il n'était pas à la guerre, et le présidant sept et huit heures de suite, avec une force d'application, une rectitude de bon sens rares, et un respect de l'opinion d'autrui qu'il observait toujours dans les matières spéciales, que, tantôt statuant sur les faits, tantôt imaginant ou modifiant suivant le besoin nos lois administratives, créant ainsi tout à la fois la législation et la jurisprudence, il est devenu le véritable auteur de cette administration, ferme, active, probe, qui fait de notre comptabilité la plus claire que l'on connaisse, de notre puissance la plus disponible qu'il y ait en Europe, et qui, lorsque sous l'influence des révolutions nos gouvernements délirent, seule ne délire pas, conduit sagement, invariablement les affaires courantes du pays, perçoit les impôts, les encaisse avec ordre, les applique exactement aux dépenses, lève les soldats, les instruit, les discipline, pourvoit aux dépenses des villes, des provinces, sans que rien périclite, maintient la France debout quand la tête de cette France chancelle, et donne l'idée d'un bâtiment mû par la puissance de la mécanique moderne, lequel au milieu de la tempête marcherait encore régulièrement avec un équipage inactif ou troublé.

Ainsi la guerre avait fait de Napoléon un mauvais politique en le rendant irrésistible, mais elle en avait fait en revanche l'un des plus grands organisateurs qui aient paru dans le monde, et là comme en toutes choses il avait été le double produit de la nature et des événements. Il nous reste à le considérer sous le rapport principal pour lui,

14

sous celui du génie militaire, qui lui a valu non sa gloire la plus pure, mais la plus éclatante.

Pour apprécier sa véritable place parmi les capitaines de tous les temps, il faudrait retracer en quelque sorte l'histoire de cet art puissant, qui crée, élève, défend les empires, et, comme l'art de les gouverner, repose sur la réunion si rare des qualités de l'esprit et du caractère. Malheureusement cette histoire est à faire. Machiavel, Montesquieu, Frédéric, Napoléon, en ont jeté çà et là quelques traits; mais considérée dans sa suite, rattachée aux progrès des sciences, aux révolutions des empires, à la marche de l'esprit humain, cette histoire est à créer, et par ce motif les places des grands capitaines sont difficiles à déterminer. Pourtant il y a dans l'histoire de l'art militaire quelques linéaments principaux, qui saisissent l'esprit dès qu'on y jette les yeux, et avec le secours desquels il est permis de tracer la marche générale des choses, et de fixer quelques places principales que la postérité, dans la diversité de ses jugements, n'a guère changées.

Ce qu'on appelle communément la grande guerre n'a pas souvent apparu dans le monde, parce qu'il faut à la fois de grandes nations, de grands événements, et de grands hommes. Ce n'est pas seulement l'importance des bouleversements qui en fait le caractère, car alors on pourrait dire que les conquérants de l'Asie ont pratiqué la grande guerre. Il y faut la science, le génie des combinaisons, ce qui suppose d'énergiques et habiles résistances opposées au vainqueur. Ainsi, bien qu'Alexandre à son époque ait changé la face de l'univers civilisé, la stupidité asiatique dont il eut à triompher fut telle qu'on ose à peine dire qu'il ait pratiqué la grande guerre. La combinaison tant admirée par Montesquieu, et qui avait consisté à ne s'enfoncer en Asie qu'après avoir conquis le littoral de là Syrie, lui était tellement commandée par le défaut de marine, que les moindres officiers de l'armée macédonienne étaient de cet avis, et que ce fut de la part d'Alexandre un acte d'instinct plutôt qu'un trait de génie. Les trois batailles qui lui valurent la conquête de l'Asie furent des actes d'héroïque témérité, toujours décidées par la cavalerie qu'Alexandre commandait en personne, et qui fondant sur des masses confuses de cavaliers aussi lâches qu'ignorants, leur donnait le signal de la fuite, invariablement suivi par l'infanterie persane. Le véritable vainqueur des Perses, ce fut la discipline macédonienne, conduite, il est vrai, à d'immenses distances par l'audace inspirée d'Alexandre.

Ce n'est pas ainsi qu'Annibal et César combattirent. Là ce fut héroïsme contre héroïsme, science contre science, grands hommes contre grands hommes. César toutefois, malgré la vigueur de son caractère et la hardiesse mêlée de prudence de ses entreprises, laissa voir dans ses mouvements une certaine gêne, résultant des habitudes militaires de son temps, et dont Annibal seul parut entièrement dégagé. En effet les Romains, faisant la guerre dans des pays sauvages, et songeant constamment à se garder contre la fougue aveugle des barbares, campaient avec un art infini, et, arrivés le soir sur un terrain toujours choisi avec un coup d'œil exercé, s'établissaient en quelques heures dans une vraie place forte, construite en palissades, entourée d'un fossé, et presque inexpugnable. Sous le rapport des campements ils n'ont été ni dépassés, ni même égalés, et, comme Napoléon l'a remarqué avec son incomparable sagacité, on n'a pas dû y songer, car devant l'artillerie moderne un camp semblable ne tiendrait pas deux heures. Mais de ce soin à camper tous les soirs, il résultait une timidité de mouvements, une lenteur de résultats singulière, et les batailles qui, en ensanglantant la terre, diminuent cependant l'horreur des guerres qu'elles abrégent, n'étaient possibles que lorsque les deux adversaires le voulaient bien. Si l'un des deux s'y refusait, la guerre pouvait durer indéfiniment, ou bien il fallait la faire aboutir à un siége, en attaquant ou régulièrement ou brusquement le camp ennemi. Aussi voit-on César, le plus hardi des généraux romains, se mouvoir librement dans les Gaules devant la fougue ignorante des Gaulois, les amener au combat quand il veut, parce que leur aveugle bravoure est facile à tenter, mais en Espagne, en Épire, lorsqu'il a affaire aux Romains eux-mêmes, changer de méthode, s'épuiser sur la Segre en combinaisons ingénieuses pour arracher Afranius de son camp, ne l'y déterminer qu'en l'affamant, puis, lorsqu'il l'a décidé à changer de position, ne finir la campagne qu'en l'affamant encore. En Épire, à Dyrrachium, il s'était rendu par le campement invulnérable pour Pompée, qui, de son côté, s'était rendu invulnérable pour lui. Puis ne sachant plus comment terminer cette guerre interminable, on le vit s'enfoncer en Macédoine pour y attirer Pompée, qu'il y attira en effet, et là encore, trouvant l'inexpugnabilité du camp romain, il serait resté dans l'impossibilité d'atteindre son adversaire, si, l'impatience d'en finir s'emparant de la noblesse romaine, Pompée n'était descendu dans les plaines de Pharsale, où l'empire du monde fut donné à César par la supériorité des légions des Gaules.

14.

Il y a là sans doute des combinaisons très-habiles, et souvent très-hardies, pour amener au combat l'adversaire qui ne veut pas combattre, mais ce n'est pas la grande guerre avec toute la liberté, l'étendue et la justesse de ses mouvements, telle que nous l'avons vue dans notre siècle, décider en quelques jours des luttes qui jadis auraient duré des années. Un seul homme dans les temps anciens se présente avec cette liberté, cette sûreté d'allure, c'est Annibal, et aussi, comme vigueur, audace, fécondité, bonheur de combinaisons, peut-on dire qu'il n'a pas d'égal dans l'antiquité. C'était l'opinion de Napoléon, juge suprême en ces matières, et on peut l'adopter après lui.

Pendant le moyen âge l'art militaire n'offre rien qui attire et mérite les regards de la postérité. La politique a sous les yeux d'immenses spectacles où le sang coule à torrents, où le cœur humain déploie ses passions accoutumées, il y a des lâches et des héros, des crimes et des vertus, mais il n'y a ni César ni Annibal. Ce n'est pas seulement la grande guerre qui disparaît, c'est l'art même de la guerre. La barbarie avec son courage aveugle se précipite sur la civilisation romaine décrépite, ayant un savoir que les vertus guerrières n'animent plus, et quand d'innombrables peuplades barbares, se poussant comme les flots de la mer, après avoir détruit l'empire romain, ont inondé le monde civilisé, on trouve çà et là de vaillants hommes comme Clovis, comme les Pepin, commandant la hache d'armes à la main, on trouve même un incomparable chef d'empire, Charlemagne, mais on ne rencontre pas un véritable capitaine. Dans cet âge de la force individuelle, la poésie elle-même, seule histoire de ces temps, prend la forme des choses, et célèbre les paladins guerroyant à cheval pour le Christ contre les Sarrasins guerroyant à cheval pour Mahomet. C'est l'âge de la chevalerie, dont le nom seul indique la nature, c'est-à-dire l'homme à cheval, vêtu de fer, combattant l'épée à la main, dans la mesure de son adresse et de sa force physique. Cependant cet état de choses allait changer bientôt par les progrès de la société européenne. Le commerce, l'industrie, en faisant naître dans les villes une population nombreuse, aisée, que le besoin de se défendre devait rendre courageuse, donnèrent naissance au soldat à pied, c'est-à-dire à l'infanterie. Les Suisses en se défendant dans leurs montagnes, les citoyens des villes italiennes et allemandes derrière leurs murailles, ceux des villes hollandaises derrière leurs digues, constituèrent l'arme de l'infanterie, et lui valurent une importance que le temps ne fit qu'accroître. Une grande découverte, due également au progrès de la société européenne, celle des matières explosibles, contribua puissamment au même phénomène. Devant les projectiles lancés par la poudre, la cuirasse devenait non-seulement dérisoire, mais dangereuse. Dès cet instant l'homme devait se présenter à découvert, débarrassé du poids d'un vêtement de fer inutile, et l'intelligence, le courage réfléchi, devaient remplacer la force physique. Par le même motif les villes, qui montraient saillantes et menaçantes leurs murailles, changèrent tout à coup de forme et d'aspect. Elles enfoncèrent en terre leurs murailles pour les soustraire au canon : au lieu de tours hautes et rondes, elles s'entourèrent de bastions peu élevés, à face droite et anguleuse, pour que le canon les protégeât dans tout leur profil, et on vit naître la savante fortification moderne.

Cette révolution commencée en Italie, se continua, se perfectionna en Hollande contre Philippe II, et alors se produisirent dans le monde trois grands hommes, les Nassau! Le véritable art de la guerre reparut, mais timide encore, gêné dans ses mouvements, et n'ayant rien des allures de cet art sous Annibal et César. C'est autour des places de la Hollande, couvertes de digues, de bastions savamment disposés, que la guerre s'établit, et resta comme enchaînée. Se porter devant une place, l'investir, se garder par des lignes de contrevallation contre les assiégés, de circonvallation contre les armées de secours, s'y assurer des vivres, tandis que de son côté l'ennemi tâchait de secourir la place en coupant les provisions à l'assiégeant, ou en le détournant de son entreprise, composa toute la science des capitaines. On n'y voyait ni grands mouvements, ni batailles décisives, et au contraire beaucoup de feintes, pour couper des convois ou détourner l'assiégeant de son objet, à ce point que dans la carrière des Nassau, de 1579 à 1648, c'est-à-dire de la proclamation à la reconnaissance de l'indépendance hollandaise, il y eut tout au plus cinq ou six batailles dignes de ce nom, et une centaine de siéges, grands ou petits. Durant cette guerre de siéges, qui remplit les deux tiers d'un siècle, les Hollandais à qui la mer restait ouverte, prenaient patience parce qu'ils avaient la sécurité, gagnaient de quoi payer leurs soldats, et par cette patience aidaient, créaient presque la constance si justement vantée des Nassau.

A cette époque, la création de l'infanterie (effet et cause tout à la fois de l'indépendance des nations), commencée par la lutte des Suisses contre les maisons d'Autriche et de Bourgogne, continuée par celle des villes hollandaises contre l'Espagne, recevait un nouveau développement dans la lutte du protestantisme contre le catholicisme. Pendant la guerre dite de trente ans, un héros justement populaire, Gustave-Adolphe, donna à l'art militaire moderne la plus forte impulsion après les Nassau. Roi d'une nation pauvre, mais robuste et brave, ayant à se défendre contre un prétendant, son cousin, roi de Pologne, et roi par conséquent d'une nation à cheval, il cherchait sa force dans l'infanterie, et mettait toute son application, toute son intelligence à la bien organiser. Cette infanterie était alors une espèce de phalange macédonienne, épaisse et profonde, se défendant par des piques d'une extrême longueur, et ayant sur son front, sur ses ailes, quelques hommes armés de mousquets. Ces phalanges étaient peu maniables, et Gustave-Adolphe s'étudia, avec le soin d'un véritable instructeur d'infanterie, à mêler le mieux possible les piquiers et les fusiliers, à faire disparaître l'armure qui était inutile devant le boulet, à donner ainsi plus de mobilité aux armées, à multiplier et à rendre l'artillerie plus légère. Bien qu'il fût loin d'avoir achevé le triomphe de l'infanterie, par cela seul qu'il avait fait faire à cette arme un notable progrès, il vainquit le roi de Pologne, qui n'était fort qu'en cavalerie, le força de renoncer à ses prétentions sur la couronne de Suède, et répondant à l'appel des protestants vaincus par Tilly et Wallenstein, descendit en Allemagne, où le poussaient une foi sincère et l'amour de la gloire. Chose digne de remarque, et qui prouve bien la lenteur des progrès de ce qu'on appelle la grande guerre, ce héros, l'un des mortels les plus vaillants que Dieu ait donnés au monde, se montra dans ses mouvements d'une timidité extrême. Élève des Nassau, il pivota autour des places, ne voulut pas quitter les bords de la Baltique qu'il n'eût conquis toutes les forteresses de l'Oder, et parce que l'électeur de Saxe ne consentit pas à lui prêter Wittenberg afin de passer l'Elbe en sûreté, il laissa Tilly prendre Magdebourg sous ses yeux, et faire de cette ville infortunée une exécution effroyable, qui retentit alors dans l'Europe entière et fit douter un moment du caractère du héros suédois. Cependant appelé à grands cris par les Saxons, ne pouvant résister à leurs instances, ayant d'ailleurs essayé dans plusieurs occasions la valeur de son infanterie, il accepta une première rencontre avec Tilly dans la plaine de Leipzig, gagna une bataille qui mit à ses pieds la maison d'Autriche, et alors, quand Oxenstiern plus hardi que son roi, lui conseillait de marcher sur Vienne pour y terminer la guerre, il alla d'abord triompher à Francfort, perdre ensuite une année au milieu de la Bavière en marches incertaines, passer quelques mois à couvrir Nuremberg contre Wallenstein, le suivre enfin à Lutzen, et presque malgré lui livrer et gagner dans cette plaine célèbre la seconde grande bataille de sa carrière héroïque, où il mourut comme Épaminondas au sein de la victoire. Certes, par la hauteur du courage, la noblesse des sentiments, l'étendue et la justesse de l'esprit, Gustave-Adolphe est un des personnages les plus accomplis de l'humanité, et on se tromperait si on imputait à sa timidité personnelle la timidité et l'incertitude de ses mouvements. Ce n'est pas lui qui était timide, c'était l'art. Mais l'art devait bientôt changer d'allure; une nouvelle révolution allait s'y opérer en trois actes, dont le premier devait s'accomplir en France par Condé, Turenne et Vauban, le second en Prusse par Frédéric, le troisième en France encore, par Napoléon. Ainsi pour l'immortelle gloire de notre patrie, c'était elle qui allait commencer cette révolution, et la finir!

Comme on vient de le voir, l'art de la guerre, réduit à pivoter autour d'une place pour la prendre ou la secourir, était comme un oiseau fixé par un lien à la terre, ne pouvant ni marcher, ni encore

moins voler à son but, c'est-à-dire au point décisif
de la guerre. Gustave avait été élève des Nassau,
et les Français le furent d'abord de Gustave.
Beaucoup de nos officiers, notamment le brave
Gassion, s'étaient formés à son école, et en rap-
portèrent les leçons en France, lorsque le génie
de Richelieu nous engageant dans la guerre de
trente ans, nous succédâmes dans cette lice aux
Suédois, que la mort de Gustave avait privés du
premier rôle. Naturellement ce fut sur la frontière du Rhin et des Pays-Bas que nos généraux
rencontrèrent les généraux de l'Autriche et de
l'Espagne, récemment séparées mais toujours
alliées. Des siéges à conduire à fin, ou à troubler,
composèrent toute la guerre. Vauban prenant des
mains des Hollandais l'art des siéges, le porta à
un degré de perfection qui n'a point été dépassé,
même dans notre siècle. Cependant l'art militaire
restait enchaîné autour des places, lorsque tout à
coup un jeune prince, doué d'un esprit sagace,
impétueux, amoureux de la gloire, que Dieu avait
fait aussi confiant qu'Alexandre, et que sa qualité
de prince du sang plaçait au-dessus des timidités
de la responsabilité ordinaire, entra en lice, et
s'ennuyant pour ainsi dire de la guerre méthodique
des Nassau, dans laquelle on ne livrait bataille
qu'à la dernière extrémité, sortit du cercle où le

15

génie des capitaines semblait enfermé. La première fois qu'il commanda, entouré de conseillers que la cour lui avait donnés pour le contenir, il n'en tint compte, n'écouta que Gassion, aussi hardi que lui, surprit un défilé qui conduisait dans les plaines de Rocroy, déboucha audacieusement en face d'un ennemi brave et expérimenté, l'assaillit sur ses deux ailes, composées de cavalerie suivant la méthode du temps, les mit en déroute, puis se retourna contre l'infanterie restée au centre comme une *citadelle qui réparerait ses brèches*, l'entama avec du canon, et la détruisit dans cette journée qui fut la dernière de l'infanterie espagnole. Certes ce jour-là Condé ne changea rien à l'art de combattre, qui était encore ce qu'il avait été à Pharsale et à Arbelles; mais en quoi il se montra un vrai novateur, ce fut dans la résolution de livrer bataille, et d'aller tout de suite au but de la guerre, manière de procéder la plus humaine, quoique un moment la plus sanglante.

Condé devint ainsi l'audacieux Condé. Bientôt à Fribourg méprisant les difficultés du terrain, à Nordlingen ne s'inquiétant pas d'avoir une aile battue et son centre entamé, il regagnait une bataille presque perdue à force de persistance dans l'audace. Heureux mélange de hardiesse et de coup

d'œil, il devint ainsi le plus grand général de bataille connu jusqu'alors dans les temps modernes.
A ses côtés, avant lui, puis sous lui, et bientôt
sans lui, se formait un capitaine destiné à être son
émule, moins hardi sur le champ de bataille,
mais plus hardi dans les marches et la conception
générale de ses campagnes : tout le monde a
nommé Turenne. Condé, traité en prince du sang,
n'était pas chargé sans doute des choses faciles,
car il n'y en a pas de faciles à la guerre, mais des
plus grandes, et pour lesquelles les ressources
étaient prodiguées. Turenne qui avec le temps devint le préféré de la royauté, Turenne fut d'abord
chargé, notamment sur le Rhin, des tâches in-
grates, celles où il fallait avec des forces insuffi-
santes tenir tête à un ennemi supérieur, et on le vit
exécuter des marches d'une hardiesse incroyable,
tantôt lorsqu'en 1646 il descendait le Rhin, qu'il
allait passer à Wesel, pour joindre les Suédois et
forcer l'électeur de Bavière à la paix ; tantôt lorsque, feignant en 1674 de s'endormir de fatigue à
la fin d'une campagne, il sortait tout à coup de ses
cantonnements, fondait à l'improviste sur les quartiers d'hiver de l'ennemi, le mettait en fuite et le
rejetait au delà des frontières. Ainsi on peut dire
que Condé avait donné à l'art l'audace des batailles,
et Turenne celle des marches. Après ces deux

célèbres capitaines, l'art allait s'arrêter, tâtonner encore jusqu'au milieu du dix-huitième siècle, époque où une immense lutte devait lui faire franchir son second pas, et l'amener à ce qu'on peut vraiment appeler la grande guerre.

Pour se figurer exactement ce qu'on avait fait, ce qui restait à faire, il faut se rappeler quelles étaient alors la composition des armées, la proportion et l'emploi des différentes armes, et la manière de livrer bataille. On peut voir tout cela décrit avec une remarquable exactitude dans les mémoires de l'un des plus savants généraux de ce temps, l'illustre Montecuculli. Malgré le développement que l'infanterie avait déjà reçu, elle ne comprenait guère plus de la moitié des troupes réunies sur un champ de bataille, tandis que la cavalerie formait l'autre moitié. L'artillerie était peu nombreuse, tout au plus d'une pièce par mille hommes, et très-difficile à mouvoir. L'ordre de bataille était ce que nous le voyons dans les historiens du temps d'Annibal et de César (seuls maîtres qu'on étudiât alors), c'est-à-dire que l'infanterie était toujours au centre, la cavalerie sur les ailes, l'artillerie (remplaçant les machines des anciens) sur le front, sans tenir autre compte du terrain, sinon que la cavalerie se serrait, se reployait en arrière, faisait, en un mot, comme elle pouvait, si le terrain des ailes n'était pas favorable à son déploiement. L'artillerie commençait par canonner l'ennemi afin de l'ébranler, puis la cavalerie des ailes chargeait celle qui lui était opposée, et, si elle avait l'avantage, se rabattait sur le centre où les troupes de pied étaient aux prises, et abordant en flanc ou à revers l'infanterie de l'ennemi achevait sa défaite. On citerait peu de batailles du temps de Gustave-Adolphe, de Turenne et de Condé, qui se soient passées différemment. Les plus fameuses, celles de Lutzen, de Rocroy et des Dunes, n'offrent pas un autre spectacle. Ce n'est pas ainsi qu'on agit de nos jours. La cavalerie n'est pas sur les ailes, l'infanterie au centre, l'artillerie sur le front. Chaque arme est placée selon le terrain, l'infanterie dans les endroits difficiles, la cavalerie en plaine, l'artillerie partout où elle peut se servir de ses feux avec avantage. L'infanterie représentant aujourd'hui les quatre cinquièmes des combattants, est le fond des armées. Elle a sa portion de cavalerie pour s'éclairer, sa portion d'artillerie pour l'appuyer, plus ou moins selon le terrain, et s'il existe, comme sous l'Empire, une grosse réserve de cavalerie et d'artillerie, c'est dans les mains du général en chef qu'elle se trouve, pour frapper les coups décisifs, s'il sait user de ses ressources avec l'à-propos du génie.

Ce qui avait porté à placer la cavalerie sur les
ailes, chez les anciens et chez les modernes, c'é-
tait le besoin de couvrir les flancs de l'infanterie,
qui ne savait pas manœuvrer comme aujourd'hui,
et faire front de tous les côtés en se formant en
carré. L'infanterie était jusqu'à la fin du dix-septième siècle une vraie phalange macédonienne,
une sorte de carré long, présentant à l'ennemi sa
face allongée, laquelle était composée de piquiers,
entremêlés de quelques mousquetaires. Ces derniers placés ordinairement sur le front, et cou-
verts par la longueur des piques, faisaient feu,
puis quand on approchait de l'ennemi couraient le
long du bataillon, et venaient se ranger sur ses
ailes, laissant aux piquiers le soin d'exécuter la
charge ou de la repousser à l'arme blanche. Il est
facile de comprendre que si les feux avaient eu
alors l'importance qu'ils ont de notre temps, un tel
bataillon eût été bientôt détruit. Les boulets en-
trant dans une masse où seize, quelquefois vingt-
quatre hommes étaient rangés les uns derrière les
autres, y auraient causé d'affreux ravages. Ce
même bataillon, n'ayant des piques que sur son
front, était dans l'impossibilité de défendre ses
flancs contre une attaque de la cavalerie.

Aussi, pour parer aux inconvénients de cette
disposition, n'était-il pas rare de voir, comme à

Lutzen, comme à Rocroy, les infanteries autrichienne et espagnole se former en quatre grandes
masses qui faisaient face de tous les côtés, et composer de la sorte un seul gros carré de toutes les
troupes à pied.

Aujourd'hui le problème est résolu, et il l'a été
grâce à l'invention du fusil à baïonnette, due à
notre admirable Vauban, qui par cette invention
est le véritable auteur de la tactique moderne. En
effet, en attachant au moyen de la baïonnette un
fer de lance au bout de l'ancien mousquet, il fit
cesser la distinction du piquier et du mousque-
taire. Il ne dut plus y avoir dès lors qu'une sorte
de fantassin, pouvant à la fois fournir des feux et
opposer au cavalier une pointe de fer. De cet important changement à la formation moderne de
l'infanterie, la conséquence était forcée. Mais ce
n'est pas tout de suite que l'on tire les conséquences
d'un principe, et surtout ce n'est pas durant la
guerre qu'on profite des leçons qu'elle a données.
C'est au milieu du silence et des méditations de la
paix.

Pendant les dernières guerres de Louis XIV, le
fusil à baïonnette ne produisit pas toutes ses conséquences. On tâtonna d'abord, et on se borna à
diminuer les rangs de l'infanterie pour présenter
moins de prise aux feux de l'ennemi, et fournir

soi-même plus de feux en ayant plus de déploiement.

Mais au milieu du dix-huitième siècle, qui devait être si fécond en révolutions de tout genre,
se préparait la révolution de l'art de la guerre.
Dans ce siècle de doute, d'examen, de recherches,
où un même esprit remuait sourdement toutes les
professions, les militaires se mirent aussi en quête
de procédés nouveaux. Il y avait une monarchie
allemande, presque aussi forte que la Bavière,
mais mieux placée qu'elle pour résister à la puissance impériale, parce que située au nord elle était
difficile à atteindre, appuyée sur un peuple robuste
et brave, ayant marqué dans les guerres du dix-
septième siècle et conçu dès lors une vaste ambition, animée de l'esprit protestant et prête à faire
à la catholique Autriche une opposition redoutable :
cette puissance était la Prusse. Elle avait eu dans
le grand électeur un souverain militaire. Elle eut
dans son successeur un prince vain, épris du titre
de roi, qu'il acheta de l'empereur en lui livrant
ses forces. Pourtant ce titre, tout vain qu'il paraissait, était un engagement avec la grandeur, et la
Prusse, convertie en royaume, était devenue tout
à coup aussi ambitieuse qu'elle était titrée. Au
prince qui s'était fait roi avait succédé un prince
maladif, morose, emporté jusqu'à la démence,

mais doué de qualités réelles, avare du sang et de
l'argent de ses sujets, sentant que la Prusse érigée
en royaume devait se préparer à soutenir son rang,
et dans cette vue amassant des trésors et formant
des soldats, quoique personnellement il n'aimât
point la guerre et ne la voulût point entreprendre.
Sa passion pour les beaux grenadiers est restée
fameuse, et était si connue alors, que ceux qui
voulaient acquérir de l'influence sur son esprit lui
offraient en cadeau des hommes de haute taille,
comme à certains monarques on adresse des chevaux ou des tableaux. Ce prince, dont l'esprit ob-
sédé de sombres vapeurs, était impropre à supporter continûment le poids de la couronne, s'en
était déchargé sur deux favoris, un pour la politique, M. de Seckendorf, un pour le militaire, le
prince d'Anhalt-Dessau, le premier intrigant,
habile, le second doué d'un vrai génie pour la
guerre. Le prince d'Anhalt-Dessau avait fait les
dernières campagnes de Louis XIV, s'était distingué à Malplaquet, à la tête de l'infanterie prussienne, et avait acquis la conviction que c'était
avec les troupes à pied qu'il fallait décider à l'avenir du sort des empires. Manœuvrant du matin au
soir sur l'esplanade de Potsdam avec l'infanterie
prussienne, il finit par comprendre toute la portée
de l'invention de Vauban, arma cette infanterie de

15.

fusils à baïonnette, la disposa sur trois rangs, et arriva presque complétement à l'organisation du bataillon moderne. Il ne se borna pas à cette création, il anima l'infanterie prussienne qu'il faisait tous les jours manœuvrer sous ses yeux, d'un esprit aussi énergique que le sien, autre service non moins grand, car dans une armée, si le mécanisme importe beaucoup, le moral n'importe pas moins, et, sans le moral, l'armée la mieux organisée est une habile machine dépourvue de moteur.

Son roi l'approuvait, le secondait, et bien résolu à ne pas faire la guerre lui-même, voulait néanmoins que tout son peuple fût prêt à la faire. Un instinct profond, confus, indéfinissable, le poussait sans qu'il le sût, sans même qu'il se doutât de l'œuvre à laquelle il travaillait, à ce point qu'il ne devina pas dans son fils celui qui emploierait les moyens qu'il préparait si bien.

Ce fils, élevé par des protestants français et bientôt des mains des protestants passant à celles des philosophes, plein de génie et d'impertinence, tenant le passé du monde pour une extravagance tyrannique, regardant les religions comme un préjugé ridicule, ne reconnaissant d'autre autorité que celle de l'esprit, avait pris en dégoût le pédantisme militaire régnant à la cour de Berlin, et par ce motif devint odieux à son père, lequel dans un accès de colère battit à coups de canne celui qui devait être le grand Frédéric. Le grand Frédéric, battu et détenu dans une forteresse pour ne pas assez aimer le militaire, est certainement un de ces spectacles singuliers tels que l'histoire en offre quelquefois! Mais ce père étrange mourut en 1740, et aussitôt son fils se jeta sur les armes d'Achille qu'il n'avait pas d'abord reconnues pour les siennes. L'empereur Charles VI venait de mourir, laissant pour unique héritière une fille, Marie-Thérèse, que personne ne croyait capable de défendre son héritage. Chacun en convoitait une partie. La Bavière désirait la couronne impériale, la France aspirait à conquérir tout ce que l'Autriche possédait à la gauche du Rhin, l'Espagne avait elle-même des vues sur l'Italie, et le jeune Frédéric songeait à rendre ses États dignes par leur dimension du titre de royaume. Cependant, tandis que tout le monde dévorait des yeux une partie de l'héritage de Marie-Thérèse, personne n'osait y porter la main. Frédéric fit comme les gens qui mettent le feu à une maison qu'ils veulent dépouiller : il se jeta sur la Silésie, fut bientôt imité par toute l'Europe, et alluma ainsi l'incendie dont il devait si bien profiter. Ayant reçu de son père un trésor bien fourni et une armée toujours tenue sur le pied de guerre, il entra en Silésie en octobre 1740 (six mois après être monté sur le trône), avait conquis cette province tout entière en décembre, l'Autriche n'ayant presque pas d'armée à lui opposer, et prouvait ainsi la supériorité d'un petit prince qui est prêt sur un grand qui ne l'est pas.

Pourtant il n'y eut qu'un cri en Europe, c'est que le jeune roi de Prusse était un étourdi, et qu'en janvier suivant il expierait sa témérité. Les Autrichiens en effet, ayant réuni leurs forces, débouchèrent de Bohême en Silésie, et Frédéric avait si peu d'expérience qu'il laissa les Autrichiens s'établir sur ses derrières, et le couper de la Prusse. Il se retourna, marcha à eux avec l'audace qui inspirait toutes ses actions, et livra bataille, bien qu'il n'eût jamais fait manœuvrer un bataillon, ayant le dos tourné vers l'Autriche, tandis que les Autrichiens l'avaient vers la Prusse. S'il eût été battu, il n'aurait pas revu Berlin ; et, chose singulière, dans cette première bataille il n'eut pas d'autre tactique que celle du temps passé. Sa belle infanterie, commandée par le brave maréchal Schwerin, était au centre, sa cavalerie sur les ailes, son artillerie sur le front, comme à Rocroy, aux Dunes, à Lutzen. La cavalerie autrichienne, qui était disposée aussi sur les ailes, et fort supérieure en force et en qualité, s'ébranla au galop, et emporta la cavalerie prussienne (*procella equestris*), avec le jeune Frédéric, qui n'avait jamais assisté à pareille scène. Mais, tandis que les deux cavaleries, l'une poursuivant l'autre, couraient sur les derrières, la solide infanterie prussienne était restée ferme en ligne. Si les choses s'étaient passées comme du temps de Condé ou d'Alexandre, la cavalerie autrichienne, revenant sur l'infanterie prussienne, l'eût prise sur les deux flancs et bientôt détruite. Il n'en fut point ainsi : le vieux maréchal Schwerin, demeuré inébranlable, se porta en avant, enleva le ruisseau et le moulin de Molwitz, et quand la cavalerie autrichienne revint victorieuse, elle trouva son infanterie battue et la bataille perdue. Frédéric triompha ainsi par la valeur de son infanterie, qui avait vaincu pendant qu'il était entraîné sur les derrières. Mais, il l'a dit lui-même, la leçon était bonne, et bientôt il devint général. L'Europe cria au miracle, proclama Frédéric un homme de guerre, et plus du tout un étourdi, mais ce qui importait davantage, l'infanterie prussienne venait d'acquérir un ascendant qu'elle conserva jusqu'en 1792, lorsqu'elle rencontra l'infanterie de la Révolution française.

Les années suivantes, Frédéric remporta une deuxième, une troisième, une quatrième victoire,

et, après diverses alternatives, tandis que la Bavière et la France s'étaient épuisées sans obtenir,
l'une la couronne impériale, l'autre la gauche du
Rhin, Frédéric seul arrivait au but qu'il s'était
proposé, et gagnait la Silésie, juste prix d'une
politique profonde, et d'une guerre conduite d'a-
près des principes excellents et nouveaux.

Pourtant, ce n'est pas en une fois qu'on gagne
ou qu'on perd une province telle que la Silésie.
La pieuse Marie-Thérèse avait deux motifs pour
être implacable, le regret de son patrimoine dé-
membré, et l'orgueil de la maison d'Autriche humilié par un jeune novateur, contempteur de Dieu
et de l'Empire. Elle attendait l'occasion de se
venger, et ne devait pas l'attendre longtemps.
Chez ce Frédéric, si maître de lui en politique et
en guerre, il y avait quelque chose qui n'était pas
gouverné, c'était l'esprit railleur, et l'Europe lui
en fournissait un emploi dont il ne savait pas se
défendre. A Paris, une femme élégante et spiri-
tuelle, représentant la société polie, gouvernait
l'indifférence débauchée de Louis XV. Une femme
belle et licencieuse, l'impératrice Élisabeth, gouvernait l'ignorance de la cour de Russie. Frédéric, en les offensant toutes deux par ses propos,
et en les faisant ainsi les alliées de Marie-Thérèse,
s'attira la terrible guerre de sept ans, où il eut à

lutter contre tout le continent, à peine soutenu par l'or de l'Angleterre. C'est dans cette guerre que l'art prit son grand essor.

On a vu Frédéric se battre à Molwitz comme on se battait à Rocroy, à Pharsale, à Arbelles, l'infanterie au centre, la cavalerie sur les ailes. Frappé de la supériorité de la cavalerie autrichienne, il s'appliqua d'abord à procurer à la sienne, dont il avait grand besoin dans les plaines de la Silésie, ce qui lui manquait de qualités militaires, et il parvint à lui donner une solidité que n'avait pas la cavalerie autrichienne. Mais c'est sur l'infanterie prussienne qu'il établit principalement sa puissance. Il y était encouragé par deux motifs, l'excellence même de cette infanterie à laquelle il devait ses premiers succès, et la nature du sol où il était appelé à combattre. La Silésie est une plaine, mais ce n'était pas en Silésie qu'il fallait disputer la Silésie, c'était en Bohême, et surtout dans les montagnes qui séparent les deux provinces. Il sentit ainsi la nécessité de se servir spécialement de l'infanterie, et d'employer l'artillerie, la cavalerie comme auxiliaires indispensables de l'infanterie, plus ou moins importants suivant le sol où l'on combattait. En un mot, il y apprit l'art d'employer les armes selon le terrain.

Ainsi l'homme qui à Molwitz avait mis son infanterie au centre, sa cavalerie sur les ailes, faisait bientôt tout autrement à Leuthen, à Rosbach. A Leuthen, bataille que Napoléon a déclarée *le chef-d'œuvre du grand Frédéric*, il voit les Autrichiens appuyant leur gauche à une hauteur boisée, celle de Leuthen, et étendant leur droite en plaine. Il profite d'un rideau de coteaux qui le sépare de l'ennemi, fait défiler derrière ce rideau la plus grande partie de son infanterie, la porte sur la gauche des Autrichiens, leur enlève la position de Leuthen, puis, après les avoir dépostés, les accable en plaine des charges de sa cavalerie, et, tandis qu'il était à la veille de périr, rétablit ses affaires en une journée, en prenant ou détruisant la moitié des forces qui lui étaient opposées.

A Rosbach il était campé sur une hauteur d'accès difficile, ayant des marécages à sa droite, des bois à sa gauche. Le prince de Soubise opérant lui-même autrement que dans le dix-septième siècle, songe à tourner les Prussiens, et engage l'armée française, qu'il n'a pas su éclairer, dans les bois qui étaient à la gauche de l'ennemi. Frédéric laisse les Français s'enfoncer dans cette espèce de coupe-gorge, les arrête en leur présentant quelques bataillons de bonne infanterie, puis précipite sur leurs flancs la cavalerie de Seidlitz, et les met dans une déroute que, sans les triomphes de la

Révolution et de l'Empire, nous ne pourrions nous rappeler sans rougir.

Frédéric avait donc changé complétement l'art de combattre, en employant, selon le terrain, les diverses armes. Il avait cependant contracté une habitude, car, à la guerre ainsi que dans tous les arts, chaque individu prend le goût d'une manière particulière de procéder, et il adoptait, comme manœuvre favorite, de s'attaquer à une aile de l'ennemi, pour décider la victoire en triomphant de cette aile, d'où naquirent alors les fameuses discussions sur l'*ordre oblique*, qui ont rempli le dix-huitième siècle.

Non-seulement Frédéric opérait une révolution dans l'emploi des diverses armes, il en changeait les proportions, réduisait la cavalerie à être tout au plus le tiers au lieu de la moitié, et développait l'artillerie, qu'il rendait à la fois plus nombreuse et plus mobile.

Enfin sous le rapport qui exige le plus de supériorité d'esprit, celui de la direction générale des opérations, il accomplissait des changements plus notables encore. On pivotait dans le siècle précédent autour d'une place, pour la prendre ou empêcher qu'elle ne fût prise. Réduit à lutter contre les armées de l'Europe entière, lesquelles débouchaient tantôt de la Bohême, tantôt de la Pologne, tantôt de la Franconie, il se vit obligé de tenir tête à tous ces ennemis à la fois, de négliger le danger qui n'était qu'inquiétant, pour faire face à celui qui était vraiment alarmant, de sacrifier ainsi l'accessoire au principal, de courir d'une armée à l'autre pour les battre alternativement, et se sauver par l'habile ménagement de ses forces. Mais, bien que la guerre soit devenue alors, grâce au progrès de chaque arme et à la situation extraordinaire de Frédéric, plus vive, plus alerte, plus hardie, elle était loin encore de ce que nous l'avons vue dans notre siècle. Frédéric n'était guère sorti de la Silésie et de la Saxe, c'est-à-dire de l'espace compris entre l'Oder et l'Elbe, et n'avait jamais songé à embrasser d'un vaste regard toute la configuration d'un empire, à saisir le point où, en s'y portant audacieusement, on pouvait frapper un coup qui terminât la guerre. Il avait bien pensé à entrer à Dresde, qui était à sa portée, jamais il ne s'était avisé de marcher sur Vienne. Si de Glogau ou de Breslau il courait à Erfurt, c'était parce qu'après avoir combattu un ennemi, on lui en signalait un nouveau qui approchait, et qu'il y courait, comme un vaillant animal traqué par des chiens se jette tantôt sur celui-ci, tantôt sur celui-là, lorsque après la dent de l'un il a senti la dent de l'autre. En un mot, il avait déjà commencé une grande révolution, il ne l'avait pas terminée. Ainsi par exemple il campait encore, et ne sachant pas, comme Napoléon en 1814, chercher dans un faux mouvement de l'ennemi l'occasion d'une manœuvre décisive, il s'enfermait dans le camp de Buntzelwitz, où il passait plusieurs mois à attendre la fortune, qui vint en effet le sauver d'une ruine certaine, en substituant Pierre III à Élisabeth sur le trône de Russie. Il ne se bornait pas à camper, reste des anciennes coutumes, il couvrait sa frontière avec ce qu'on appelait alors *le dégât*. Voulant interdire l'accès de la Silésie aux armées autrichiennes, il brûlait les moissons, coupait les arbres, incendiait les fermes, sur un espace large de dix ou quinze lieues, long de trente à quarante, et, au lieu d'opérations savantes, opposait à l'ennemi la famine. Faute d'être assez hardie ou assez habile, la guerre était cruelle. Si donc Frédéric avait changé l'ordre de bataille, qu'il avait subordonné au terrain, s'il avait imprimé aux mouvements généraux une allure qu'on ne leur avait pas encore vue, obligé qu'il était à lutter contre trois puissances à la fois, il n'avait pas poussé la grande guerre à ses derniers développements. Il laissait ce soin à la Révolution française, et à l'homme extraordinaire qui devait porter ses drapeaux aux confins du monde civilisé.

Du reste il avait assez fait, et peu d'hommes dans la marche de l'esprit humain ont franchi un espace plus vaste. Il avait en effet, à force de caractère, de génie, résisté à la France, à l'Autriche, à la Russie, avec une nation qui, même après l'acquisition de la Silésie, n'était pas de plus de 6 à 7 millions d'hommes, vrai prodige qui eût été impossible sans quelques circonstances qu'il faut énumérer brièvement pour rendre ce prodige concevable. D'abord l'Angleterre aida Frédéric de son or, parcimonieusement il est vrai, mais l'aida néanmoins. Au moyen de cet or il se procura des soldats, et comme on se battait Allemands contre Allemands, le soir de ses batailles il convertissait les prisonniers en recrues, ce qui lui permit de suppléer à l'insuffisance de la population prussienne. De plus il occupait une position concentrique entre la Russie, l'Autriche et la France, et en courant rapidement de Breslau à Francfort-sur-l'Oder, de Francfort à Dresde, de Dresde à Erfurt, il pouvait tenir tête à tous ses ennemis, ce que facilitait aussi une circonstance plus décisive encore, c'est que si l'Autriche lui faisait une guerre sérieuse, la Russie et la France, gouvernées par le caprice de cour, ne lui faisaient qu'une guerre de fantaisie. Élisabeth envoyait chaque année une armée russe qui livrait une bataille, la perdait ou la gagnait, et puis se retirait en Pologne. Les Français, occupés contre les Anglais dans les Pays-Bas, et aussi déplorablement administrés que commandés, envoyaient de temps en temps une armée qui, mal accueillie, comme à Rosbach par exemple, ne reparaissait plus. Frédéric n'avait donc affaire véritablement qu'à l'Autriche, ce qui ne rend pas son succès moins étonnant, et ce qui ne l'eût pas sauvé, s'il n'avait été ce que de notre temps on appelle *légitime*. Deux fois en effet ses ennemis entrèrent dans Berlin, et au lieu de le détrôner, ce qu'ils n'auraient pas manqué de faire s'ils avaient eu un prétendant à lui substituer, s'en allèrent après avoir levé quelques centaines de mille écus de contribution. Ce sont ces circonstances réunies qui, sans le diminuer, expliquent le prodige d'un petit prince luttant seul contre les trois plus grandes puissances de l'Europe, leur tenant tête sept ans, les déconcertant par ses coups imprévus, les fatiguant par sa ténacité, donnant le temps à la fortune de lui envoyer en Russie un changement de règne, et désarmant enfin par son génie et sa constance les trois femmes qu'il avait déchaînées par sa mauvaise langue. Son œuvre n'en est pas moins une des plus mémorables de l'histoire, et mérite de prendre place à côté de celles qu'ont accomplies

Alexandre, Annibal, César, Gustave-Adolphe, Napoléon.

Il appartenait à la Révolution française d'imprimer à l'art de la grande guerre une dernière et décisive impulsion. Le mouvement civilisateur qui avait substitué l'infanterie à la cavalerie, c'est-à-dire les nations elles-mêmes à la noblesse à cheval, devait recevoir en effet de la Révolution française, qui était l'explosion des classes moyennes, son dernier élan. Les Français en 1789 avaient dans le cœur deux sentiments : le chagrin d'avoir vu la France déchoir depuis Louis XIV, ce qu'ils attribuaient aux légèretés de la cour, et l'indignation contre les puissances européennes, qui voulaient les empêcher de réformer leurs institutions en les fondant sur le principe de l'égalité civile. Aussi la nation courut-elle tout entière aux armes. La vieille armée royale, quoique privée par l'émigration d'une notable partie de ses officiers, suffit aux premières rencontres, et sous un général, Dumouriez, qui jusqu'à cinquante ans avait perdu son génie dans de vulgaires intrigues, livra d'heureux combats. Mais elle fondit bientôt au feu de cette terrible guerre, et la Révolution envoya pour la remplacer des flots de population qui devinrent de l'infanterie. Ce n'est pas avec des hommes levés à la hâte que l'on fait des cavaliers, des artilleurs,

des sapeurs du génie, mais dans un pays essentiellement militaire, qui a l'orgueil et la tradition
des armes, on peut en faire des fantassins. Ces
fantassins incorporés dans les demi-brigades à ce
qui restait de la vieille armée, lui apportant leur
audace, lui prenant son organisation, se jetèrent
d'abord sur l'ennemi en adroits tirailleurs, puis le
culbutèrent en le chargeant en masse à la baïonnette. Avec le temps ils apprirent à manœuvrer
devant les armées les plus manœuvrières de l'Europe, celles qui avaient été formées à l'école de
Frédéric et de Daun; avec le temps encore ils
fournirent des artilleurs, des cavaliers, des soldats
du génie, et acquérant la discipline qu'ils n'a-
vaient pas d'abord, conservant de leur premier
élan l'audace et la mobilité, ils composèrent bientôt la première armée du monde.

Il n'était pas possible que ce sentiment puissant
de quatre-vingt-neuf, combiné avec nos séculaires
traditions militaires, nous donnât des armées sans
nous donner aussi des généraux, que notre infanterie devenue manœuvrière comme les armées allemandes les meilleures, et en outre plus vive, plus
alerte, plus audacieuse, n'exerçât pas sur ceux qui
la commandaient une irrésistible influence, et effectivement elle poussa Pichegru en Hollande, Moreau, Kléber, Hoche, Jourdan au milieu de l'Alle-

magne. Mais tandis qu'il se formait des généraux capables de bien diriger une armée, il devait s'en former non pas deux, mais un qui serait capable de diriger à la fois toutes les armées d'un vaste empire, car le mouvement moral est comme le mouvement physique, imprimé à plusieurs corps à la fois, il porte chacun d'eux à des distances proportionnées à leur volume et à leur poids. Tandis que Pichegru, Hoche, Moreau, Kléber, Desaix, Masséna, étaient le produit de ce mouvement national, leur maître à tous se révélait à Toulon, et ce maître que l'univers nomme, c'était le jeune Bonaparte, élevé au sein des écoles de l'ancien régime, dans la plus savante des armes, celle de l'artillerie, mais plein de l'esprit nouveau, et à son audace personnelle, la plus grande peut-être qui ait inspiré une âme humaine, joignant l'audace de la Révolution française. Doué de ce génie universel qui rend les hommes propres à tous les emplois, il avait de plus une disposition qui lui était particulière, c'était l'application à étudier le sol sur la carte, et le penchant à y chercher la solution des phénomènes de la politique comme des problèmes de la guerre. Sans cesse couché sur des cartes, ce que font trop rarement les militaires, et ce qu'ils faisaient encore moins avant lui, il méditait continuellement sur la configuration du sol où la guerre sévissait alors, et à ces profondes méditations joignait les rêves d'un jeune homme, se disant que s'il était le maître il ferait ceci ou cela, pousserait dans tel ou tel sens les armées de la République, ne se doutant nullement que maître il le serait un jour, mais sentant fermenter en lui quelque chose d'indéfinissable, comme on sent quelquefois sourdre sous ses pieds l'eau qui doit bientôt percer la terre et jaillir en source féconde. Livré à ces méditations solitaires, il avait compris que l'Autriche, ayant renoncé aux Pays-Bas, n'était vulnérable qu'en Italie, et que c'était là qu'il fallait porter la guerre pour la rendre décisive. Parlant sans cesse de ces rêves aux directeurs, dont il était le commis, les en fatiguant presque, il est d'abord nommé commandant de Paris, et puis, Schérer s'étant laissé battre, général de l'armée d'Italie. A peine arrivé à Nice, le jeune général aperçoit d'un coup d'œil qu'il n'a pas besoin de forcer les Alpes, et qu'il lui suffit *de les tourner*, comme il l'a dit avec tant de profondeur. En effet, les Piémontais et les Autrichiens gardaient le col de Montenotte, où les Alpes s'abaissent pour se relever plus loin sous le nom d'Apennins. Il fait une menace sur Gênes afin d'y attirer les Autrichiens, puis en une nuit force le col de Montenotte où les Piémontais restaient seuls de garde, les enfonce, les précipite en deux ba-

tailles sur Turin, arrache la paix au roi de Piémont, et fond sur le Pô à la poursuite des Autrichiens, qui voyant qu'ils s'étaient trompés en se
laissant attirer sur Gênes, se hâtaient de revenir
pour protéger Milan. Il passe le Pô à Plaisance,
entre dans Milan, court à Lodi, force l'Adda et
s'arrête à l'Adige, où son esprit transcendant lui
montre la vraie frontière de l'Italie contre les Allemands. Un génie moins profond aurait couru au
midi pour s'emparer de Florence, de Rome, de
Naples. Il n'y songe même pas. C'est aux Allemands qu'il faut disputer l'Italie, dit-il au Directoire, c'est contre eux qu'il faut prendre position,
et qui va au midi de l'Italie, trouvera au retour
Fornoue, comme Charles VIII, ou la Trebbia,
comme Macdonald [1]. Il se décide donc à rester au
nord, et avec le même génie aperçoit que le Pô a
un cours trop long pour être facilement défendu,
que l'Isonzo trop avancé est toujours exposé à être

[1] Quóique Charles VIII fût victorieux à Fornoue, il courut
la chance d'y périr, et il y aurait même péri avec toute son
armée, s'il n'avait rencontré sur ses derrières des troupes aussi
inférieures aux siennes. Macdonald au contraire rencontrant à
la Trebbia des troupes égales en valeur à celles qu'il commandait,
faillit y trouver sa perte, ce qui du reste n'était point sa faute,
mais celle du Directoire qui l'avait envoyé à Naples. Le raisonnement du général Bonaparte conserve donc sa justesse dans
les deux cas, et prouve que c'est au nord et point au midi qu'il
faut disputer l'Italie.

tourné par le Tyrol, que l'Adige seul peut être victorieusement défendu, parce qu'à peine sorti des Alpes à Vérone ce cours d'eau tombe dans les marécages de Legnago, et que placé en deçà du Tyrol il ne peut pas être tourné. Le jeune Bonaparte s'établit alors sur l'Adige, en raisonnant comme il suit : Si les Autrichiens veulent forcer l'Adige par les montagnes, ils passeront nécessairement par le plateau de Rivoli ; s'ils veulent le forcer par la plaine, ils se présenteront ou devant Vérone, ou vers les marais, dans les environs de Legnago. Dès lors il faut placer le gros de ses troupes au centre, c'est-à-dire à Vérone, laisser deux détachements de garde, l'un à Rivoli, l'autre vers Legnago, les renforcer alternativement l'un ou l'autre suivant la direction que prendra l'ennemi, et rester imperturbablement dans cette position, en faisant du siége de Mantoue une sorte de passe-temps entre les diverses apparitions des Autrichiens. Grâce à cette profondeur de jugement, avec trente-six mille hommes, à peine augmentés d'une quinzaine de mille pendant le cours de la guerre, le jeune Bonaparte tient tête à toutes les armées autrichiennes, et en dix-huit mois livrant douze batailles, plus de soixante combats, faisant plus de cent mille prisonniers, accable l'Autriche et lui arrache l'abandon définitif de la ligne du Rhin à la France, plus la paix générale.

.Certes, on peut parcourir les pages de l'histoire tout entière, et on n'y verra rien de pareil. La conception générale et l'art des combats, tout s'y trouve à un degré de perfection qui ne s'est jamais rencontré. Passer les montagnes à Montenotte en attirant les Autrichiens sur Gênes par une feinte, maître de Milan, au lieu de courir à Rome et à Naples, courir à Vérone, comprendre que l'Italie étant à disputer aux soldats du Nord, c'est au Nord qu'il faut vaincre, laisser le Midi comme un fruit qui tombera de l'arbre quand il sera mûr, choisir entre les diverses lignes défensives celle de l'Adige, parce qu'elle n'est pas démesurément longue comme le Pô, facile à tourner comme l'Isonzo, et s'y tenir invariablement jusqu'à ce qu'on y ait attiré et détruit toutes les forces de l'Autriche, voilà pour la conception. Attendre l'ennemi en avant de Vérone, s'il se présente directement le repousser à la faveur de la bonne position de Caldiero, s'il tourne à droite vers le bas pays aller le combattre dans les marais d'Arcole, où le nombre n'est rien et la valeur est tout, quand il descend sur notre gauche par le Tyrol, le recevoir au plateau de Rivoli, et là maître des deux routes, celle du fond de la vallée que suivent l'artillerie et la cavalerie, celle des montagnes que suit l'infanterie, jeter d'abord l'artillerie et la cavalerie dans l'Adige, puis faire prisonnière l'infanterie dépourvue du secours des autres armes, prendre dix-huit mille hommes avec quinze mille, voilà pour l'art du combat : et faire tout cela à vingt-six ans, joindre ainsi à l'audace de la jeunesse toute la profondeur de l'âge mûr, n'a rien, nous le répétons, de pareil dans l'histoire, pour la grandeur des conceptions unie à la perfection de l'exécution !

Tout le reste de la carrière du général Bonaparte est marqué des mêmes traits : discernement transcendant du but où il faut viser dans une campagne, et habileté profonde à profiter du terrain où les circonstances de la guerre vous amènent à combattre, en un mot, égale supériorité dans les mouvements généraux et dans l'art de livrer bataille.

En 1800, nous étions maîtres de la Suisse que nous occupions jusqu'au Tyrol, ayant à gauche les plaines de la Souabe, à droite celles du Piémont. Les Autrichiens ne s'attendant pas aux hardis mouvements de leur jeune adversaire, s'étaient avancés à gauche jusque vers Huningue, à droite jusqu'à Gênes. Le Premier Consul imagine de fondre des deux côtés de la chaîne des Alpes sur leurs derrières, propose à Moreau de descendre par Constance sur Ulm, tandis qu'il descendra par le Saint-Bernard sur Milan. Moreau hésite à se jeter ainsi en pleine Bavière au milieu des masses ennemies. Le Premier Consul laisse Moreau libre d'agir à son gré, passe le Saint-Bernard sans routes frayées, en faisant rouler à travers les précipices ses canons enfermés dans des troncs d'arbres, tombe sur les derrières des Autrichiens surpris, et les force à Marengo de lui livrer en une journée l'Italie entière, qui, deux ans auparavant, lui avait coûté douze batailles et soixante combats, tandis que Moreau, opérant à sa manière méthodique et sage, met six mois à s'approcher de Vienne.

Là encore le point où il faut frapper est choisi avec une telle justesse que, le coup porté, l'ennemi est désarmé sur-le-champ. La bataille décisive, il est vrai, ne présente point la perfection de celle de Rivoli, par exemple. On était en plaine, le terrain offrait peu de circonstances heureuses, et une reconnaissance mal exécutée avait laissé ignorer la présence des Autrichiens. Le Premier Consul fut donc surpris et faillit être battu. Mais au lieu de Grouchy il avait Desaix pour lieutenant, et l'arrivée de celui-ci lui ramena la victoire. Du reste si un accident rendit la bataille chanceuse, l'opération qui le plaça à l'improviste sur les derrières de l'ennemi n'en est pas moins un prodige qui n'a de comparable que le passage d'Annibal, réalisé deux mille ans auparavant.

En 1805, obligé de renoncer à l'expédition d'Angleterre et de se rejeter sur le continent, le jeune Consul, devenu empereur, porte en quinze jours ses armées de Flandre en Souabe. Ordinairement nous passions par les défilés de la Forêt-Noire pour gagner les sources du Danube, et selon leur coutume les Autrichiens y accouraient en hâte. Il les y retient en présentant des têtes de colonnes dans les principaux de ces défilés, puis il se dérobe tout à coup, longe par sa gauche les Alpes de Souabe, débouche par Nuremberg sur les derrières des Autrichiens qu'il enferme dans Ulm, et oblige une armée entière de soixante mille hommes à mettre bas les armes devant lui, ce qui ne s'était jamais vu dans aucun siècle. Débarrassé du gros des forces autrichiennes, et apprenant que les Prussiens deviennent menaçants, loin d'hésiter il s'élance sur Vienne, entraîne dans son mouvement ses armées d'Italie que commandait Masséna, les rallie à Vienne même, puis court à Austerlitz, où il trouve les Russes réunis au reste de la puissance autrichienne; arrivé sur les lieux feint d'hésiter, de reculer, tente ainsi la présomption d'Alexandre, qui, guidé par des jeunes gens, veut couper l'armée française de Vienne. Ce faisant, Alexandre dégarnit le plateau de Pratzen, où était son centre. Napoléon y fond comme un aigle, et, coupant en deux l'armée ennemie, en jette une partie dans les lacs, une autre dans un ravin. Il se retourne ensuite vers les Prussiens, qui, au lieu de se joindre à la coalition, sont réduits à s'excuser à genoux d'avoir songé à lui faire la guerre.

Ici encore les mouvements généraux ont à la fois une audace et une justesse sans pareilles; la bataille décisive est une merveille d'adresse et de présence d'esprit, et ce n'est pas miracle que les empires tombent devant de tels prodiges d'art.

Au lieu de la paix sûre, durable, qu'il aurait pu conclure avec l'Europe, le vainqueur d'Austerlitz enivré de ses succès, s'attire la guerre avec la Prusse, soutenue par la Russie. L'armée prussienne se porte derrière la forêt montagneuse de Thuringe pour couvrir les plaines du centre de l'Allemagne. Napoléon l'y laisse, remonte à droite jusque vers Cobourg, débouche sur l'extrémité gauche de la ligne ennemie, aborde les Prussiens de manière à les couper du Nord où les Russes les attendent, les accable à Iéna, à Awerstaedt, et, les débordant sans cesse dans leur retraite, prend jusqu'au dernier d'entre eux à Prenzlow, non loin de Lubeck. Ce jour-là il n'y avait plus de monarchie prussienne; l'œuvre du grand Frédéric était abolie!

Il fallait aller au Nord chercher les Russes, les saisir corps à corps pour les corriger de leur habitude de pousser sans cesse contre nous les puissances allemandes, qu'ils abandonnaient après les avoir compromises.

Napoléon se porte sur la Vistule, et pour la première fois il se met en présence de ces deux grandes difficultés, le climat et la distance, qui devaient plus tard lui devenir si funestes. Son armée a encore toute sa vigueur morale et physique; cependant, à cette distance, il y a des soldats qui se débandent, il y en a que la faim, le froid dégoûtent. Napoléon déploie une force de volonté et un génie d'organisation extraordinaires pour maintenir son armée intacte, lutte sur les plaines glacées d'Eylau avec une énergie indomptable contre l'énergie barbare des Russes, emploie l'hiver à consolider sa position en prenant Dantzig, et le printemps venu, son armée reposée, marche sur le Niémen en descendant le cours de l'Ale. Son calcul, c'est que les Russes seront obligés de se rapprocher du littoral pour vivre, qu'il leur faudra dès lors passer l'Ale devant lui, et il s'avance l'œil fixé sur cet événement, dont il espère tirer un parti décisif. Le 14 juin en effet, anniversaire de Marengo, il trouve les Russes passant l'Ale à Friedland. Excepté les grenadiers d'Oudinot, tous ses corps sont en arrière. Accouru de sa personne sur les lieux, il emploie Oudinot à tirailler, et amène le reste de son armée en toute hâte. Une fois qu'il a toutes ses forces sous la main, au lieu de les jeter sur les Russes, il attend que ceux-ci aient passé l'Ale; pour les y engager il replie sa gauche en avançant peu à peu sa droite vers Friedland où sont les ponts des Russes, détruit ensuite ces ponts, et quand il a ainsi ôté à l'ennemi tout moyen de retraite, il reporte en avant sa gauche d'abord refusée, pousse les Russes dans l'Ale, les y refoule comme dans un gouffre, et noie ou prend presque tout entière cette armée, la dernière que l'Europe pût lui opposer.

Certes, nous le répétons, tout est là au même degré de perfection. Prévoir que les Russes essayeront de gagner le littoral afin de rejoindre leurs magasins, et pour cela passeront l'Ale devant l'armée française, les suivre, les surprendre au moment du passage, attendre qu'ils aient presque tous franchi la rivière, leur enlever leurs ponts, et ces ponts enlevés les refouler dans l'Ale, sont de vrais prodiges où la prévoyance la plus profonde dans la conception générale, égale la présence d'esprit dans l'opération définitive, c'est-à-dire dans la bataille.

En Italie, Napoléon avait été le général dépendant, réduit à des moyens bornés; en Autriche, en Prusse, en Pologne, il avait été le général, chef d'État, disposant des ressources d'un vaste empire, donnant à ses opérations toute l'étendue de ses conceptions, et en un jour renversant l'Autriche, en un autre la Prusse, en un troisième la Russie, et tout cela à des distances où l'on n'avait jamais porté la guerre. Il avait été dans le premier cas le modèle du général subordonné, il fut dans le second le modèle du général tout-puissant et conquérant. Ici plus de ces mouvements limités autour d'une place, de ces batailles classiques où la cavalerie était aux ailes, l'infanterie au centre : les mouvements ont les proportions des empires à frapper, et les batailles la physionomie exacte du lieu où elles sont livrées. Les batailles ressemblent, en la surpassant, à celle de Leuthen; et quant aux mouvements, ils ont une bien autre portée que ceux de Frédéric, courant hors d'haleine de Breslau à Francfort-sur-l'Oder, de Francfort-sur-l'Oder à Erfurt, sans jamais frapper le coup décisif qui aurait terminé la guerre. Non pas qu'il ne faille admirer l'activité, la constance, la ténacité de Frédéric, bien digne de son surnom de grand!

Il est vrai néanmoins que le général français, ajoutant à l'audace de la Révolution la sienne, étudiant les grands linéaments du sol comme jamais on ne l'avait fait avant lui, était arrivé à une étendue, à une justesse de mouvements telles, que ses coups étaient à la fois sûrs et décisifs, et en quelque sorte sans appel ! L'art, on peut le dire, avait atteint ses dernières limites.

Malheureusement ces succès prodigieux devaient corrompre non le général, chaque jour plus consommé dans son art, mais le politique, lui persuader que tout était possible, le conduire tantôt en Espagne, tantôt en Russie, avec des armées affaiblies par leur renouvellement trop rapide, et à travers des difficultés sans cesse accrues, d'abord par la distance qui n'était pas moindre que celle de Cadix à Moscou, ensuite par le climat qui était tour à tour celui de l'Afrique ou de la Sibérie, ce qui forçait les hommes à passer de quarante degrés de chaleur à trente degrés de froid, différences extrêmes que la vie animale ne saurait supporter. Au milieu de pareilles témérités, le plus grand, le plus parfait des capitaines devait succomber !

Aussi beaucoup de juges de Napoléon qui, sans être jamais assez sévères pour sa politique, le sont beaucoup trop pour ses opérations militaires, lui ont-ils reproché d'être le général des succès, non celui des revers, de savoir envahir, de ne savoir pas défendre, d'être le premier dans la guerre offensive, le dernier dans la guerre défensive, ce qu'ils résument par ce mot, que Napoléon *ne sut jamais faire une retraite!* C'est là, selon nous, un jugement erroné.

Lorsque dans l'enivrement du succès, Napoléon se portait à des distances comme celle de Paris à Moscou, et sous un climat où le froid dépassait trente degrés, il n'y avait plus de retraite possible, et Moreau, qui opéra l'admirable retraite de Bavière en 1800, n'eût certainement pas ramené intacte l'armée française de Moscou à Varsovie. Quand des désastres comme celui de 1812 se produisaient, ce n'était plus une de ces alternatives de la guerre qui vous obligent tantôt à avancer, tantôt à reculer, c'était tout un édifice qui s'écroulait sur la tête de l'audacieux qui avait voulu l'élever jusqu'au ciel. Les armées, poussées au dernier degré d'exaltation pour aller jusqu'à Moscou, se trouvant surprises tout à coup par un climat destructeur, se sentant à des distances immenses, sachant les peuples révoltés sur leurs derrières, tombaient dans un abattement proportionné à leur enthousiasme, et aucune puissance ne pouvait plus les maintenir en ordre. Ce n'était pas une retraite faisable que le chef ne savait pas faire, c'était l'édifice de la monarchie universelle qui s'écroulait sur la tête de son téméraire auteur!

Mais on ne serait pas général si on ne l'était dans l'adversité comme dans la prospérité, car la guerre est une telle suite d'alternatives heureuses ou malheureuses, que celui qui ne saurait pas suffire aux unes comme aux autres ne pourrait pas commander une armée quinze jours. Or, lorsque le général Bonaparte assailli par les Autrichiens en novembre 1796, au milieu des fièvres du Mantouan, n'ayant guère plus de dix mille hommes à mettre en ligne, se jetait dans les marais d'Arcole pour y annuler la puissance du nombre, il faisait preuve d'une fermeté et d'une fertilité d'esprit dans les circonstances difficiles qui certainement n'ont pas beaucoup d'exemples. Lorsqu'en 1809, à l'époque où la série des grandes fautes politiques était commencée, il se trouvait à Essling acculé au Danube, privé de tous ses ponts par une crue extraordinaire du fleuve, et se repliait dans l'île de Lobau avec un sang-froid imperturbable, il ne montrait pas moins de solidité dans les revers. Sans doute la résistance à Essling même fut le prodige de Lannes qui y mourut, de Masséna qui y serait mort si Dieu ne l'avait fait aussi heureux qu'il était tenace; mais la fermeté de Napoléon qui, au milieu de Vienne émue, de tous nos généraux démoralisés, découvrait des ressources où ils n'en voyaient plus, et adoptait le plan ferme et patient au moyen duquel la victoire fut ramenée sous nos drapeaux à Wagram, cette fermeté, tant admirée de Masséna, appartenait bien à Napoléon, et ce moment offrit certainement l'une des extrémités de la guerre les plus grandes et les plus glorieusement traversées, dont l'histoire des nations ait conservé le souvenir.

Enfin, pour donner tout de suite la preuve la plus décisive, la campagne de 1814, où Napoléon avec une poignée d'hommes, les uns usés, les autres n'ayant jamais vu le feu, tint tête à l'Europe entière, non pas en battant en retraite, mais en profitant des faux mouvements de l'ennemi pour le ramener en arrière par des coups terribles, est un bien autre exemple de fécondité de ressources, de présence d'esprit, de fermeté indomptable dans une situation désespérée. Sans doute Napoléon ne faisait pas la guerre défensive, comme la plupart des généraux, en se retirant méthodiquement d'une ligne à une autre, défendant bien la première, puis la seconde, puis la troisième, et ne parvenant ainsi qu'à gagner du temps, ce qui n'est pas à dédaigner, mais ce qui ne suffit pas pour terminer heureusement une crise : il faisait la guerre défensive comme l'offensive; il étudiait le terrain, tâchait d'y prévoir la manière d'agir de l'ennemi, de le surprendre en faute et de l'accabler, ce qu'il fit contre Blucher et Schwarzenberg en 1814, et ce qui eût assuré son salut, si tout n'avait été usé autour de lui, hommes et choses.

S'il ne fut pas à proprement parler le général des retraites, parce qu'il pensait comme Frédéric que la meilleure défensive était l'offensive, il se montra dans les guerres malheureuses aussi grand que dans les guerres heureuses. Dans les unes comme dans les autres il conserva le même caractère de vigueur, d'audace, de promptitude à saisir le point où il fallait frapper, et s'il succomba, ce ne fut pas, nous le répétons, le militaire qui succomba en lui, c'est le politique qui avait entrepris l'impossible, en voulant vaincre l'invincible nature des choses.

Dans l'organisation des armées, Napoléon ne fut pas moins remarquable que dans la direction générale des opérations, et dans les batailles.

Ainsi avant lui les généraux de la République distribuaient leurs armées en divisions composées de toutes armes, infanterie, artillerie, cavalerie, et se réservaient tout au plus une division non engagée, composée elle-même comme les autres, afin de parer aux coups imprévus. Chacun des lieutenants livrait à lui seul une bataille isolée, et le rôle du général en chef consistait à secourir celui d'entre eux qui en avait besoin. On pouvait éviter ainsi des défaites, gagner même des batailles, mais jamais de ces batailles écrasantes, à la suite desquelles une puissance était réduite à déposer les armes. Avec la personne de Napoléon, l'organisation des corps d'armée devait changer, et changer de manière à laisser dans les mains de celui qui dirigeait tout le moyen de tout décider.

En effet, son armée était divisée en corps dont l'infanterie était le fond, avec une portion d'artillerie pour la soutenir, et une portion de cavalerie pour l'éclairer. Mais, indépendamment de l'infanterie de la garde qui était sa réserve habituelle, il s'était ménagé des masses de cavalerie et d'artillerie, qui étaient comme la foudre qu'il gardait pour la lancer au moment décisif. A Eylau, l'infanterie russe paraissant inébranlable, il lançait sur elle soixante escadrons de dragons et de cuirassiers, et y ouvrait ainsi une brèche qui ne se refermait plus. A Wagram, Bernadotte ayant laissé percer notre ligne, il arrêtait avec cent bouches à feu le centre victorieux de l'archiduc Charles, et rétablissait le combat que Davout terminait en enlevant le plateau de Wagram. C'est pour cela qu'indépendamment de la garde il avait composé deux réserves, l'une de grosse cavalerie, l'autre d'artillerie à grande portée, lesquelles étaient dans sa main la massue d'Hercule. Mais pour la massue il faut la main d'Hercule, et avec un général moindre que Napoléon, cette organisation aurait eu l'inconvénient de priver souvent des lieutenants habiles d'armes spéciales dont ils auraient su tirer parti, pour les concentrer dans les mains d'un chef incapable de s'en servir. Aussi presque tous les généraux de l'armée républicaine du Rhin, habitués à agir chacun de leur côté d'une manière presque indépendante, et à réunir dès lors une portion suffisante de toutes les armes, regrettaient l'ancienne composition, ce qui revient à dire qu'ils regrettaient un état de choses qui leur laissait plus d'importance à la condition de diminuer les résultats d'ensemble.

Mais l'organisation ne consiste pas seulement à bien distribuer les diverses parties d'une armée, elle consiste à la recruter, à la nourrir. Sous ce rapport, l'art que Napoléon déploya pour porter les conscrits de leurs villages aux bords du Rhin, des bords du Rhin à ceux de l'Elbe, de la Vistule, du Niémen, les réunissant dans des dépôts, les surveillant avec un soin extrême, ne les laissant presque jamais échapper, et les menant ainsi par

la main jusqu'au champ de bataille, cet art fut
prodigieux. Il consistait dans une mémoire des
détails infaillible, dans un discernement profond
des négligences ou des infidélités des agents subalternes, dans une attention continuelle à les
réprimer, dans une force de volonté infatigable,
dans un travail incessant qui remplissait souvent
ses nuits, quand le jour avait été passé à cheval.
Et malgré tous ces efforts, les routes étaient souvent couvertes de soldats débandés, mais qui n'at-
testaient qu'une chose, c'est la violence qu'on
faisait à la nature, en portant des hommes des
bords du Tage à ceux du Volga!

A ces tâches si diverses du général en chef il
faut souvent en joindre une autre, c'est celle de
dompter les éléments, pour franchir des montagnes
neigeuses, des fleuves larges et violents, et parfois
la mer elle-même. L'antiquité a légué à l'admiration du monde le passage des Pyrénées et des
Alpes par Annibal, et il est certain que les hommes
n'ont rien fait de plus grand, peut-être même
d'aussi grand. La traversée du Saint-Bernard, le
transport de l'armée d'Égypte à travers les flottes
anglaises, les préparatifs de l'expédition de Bou-
logne, enfin le passage du Danube à Wagram, sont
de grandes opérations que la postérité n'admirera
pas moins. La dernière surtout sera un éternel

sujet d'étonnement. La difficulté consistant en cette occasion à aller chercher l'armée autrichienne au delà du Danube pour lui livrer bataille, et à traverser ce large fleuve avec cent cinquante mille hommes en présence de deux cent mille autres, qui nous attendaient pour nous précipiter dans les flots, sans qu'on pût les éviter en se portant au-dessus ou au-dessous de Vienne, car dans le premier cas on se serait trop avancé, et dans le second on eût rétrogradé, cette difficulté fut surmontée d'une manière merveilleuse. En trois heures, 150 mille hommes, 500 bouches à feu, avaient passé devant l'ennemi stupéfait, qui ne songeait à nous combattre que lorsque nous avions pris pied sur la rive gauche, et que nous étions en mesure de lui tenir tête. Le passage du Saint-Bernard, si extraordinaire qu'il soit, est loin d'égaler le passage des Alpes par Annibal; mais le passage du Danube en 1809 égale toutes les opérations tentées pour vaincre la puissance combinée de la nature et des hommes, et restera un phénomène de prévoyance profonde dans le calcul, et d'audace tranquille dans l'exécution.

Enfin on ne dirait pas tout sur le génie militaire de Napoléon, si on n'ajoutait qu'aux qualités les plus diverses de l'intelligence il joignit l'art de dominer les hommes, de leur communiquer ses passions, de les subjuguer comme un grand orateur subjugue ses auditeurs, tantôt de les retenir, tantôt de les lancer, tantôt de les ranimer s'ils étaient ébranlés, et toujours enfin de les tenir en main, comme un habile cavalier tient en main un cheval difficile. Il ne lui manqua donc aucune partie de l'esprit et du caractère nécessaires au véritable capitaine, et on peut soutenir que si Annibal n'avait existé, il n'aurait probablement pas d'égal.

Ainsi, résumant ce que nous avons dit des progrès de la grande guerre, nous répéterons que deux hommes la portèrent au plus haut degré dans l'antiquité, Annibal et César; que César cependant, restreint par les habitudes du campement, y montra moins de hardiesse de mouvements, de fécondité de combinaisons, d'opiniâtreté dans toutes les fortunes qu'Annibal; qu'au moyen âge Charlemagne, chef d'empire admirable, ne nous donne pas néanmoins l'idée vraie du grand capitaine, parce que l'art était trop grossier de son temps; qu'alors l'homme de guerre fut presque toujours à cheval, et à peine aidé de quelques archers; qu'avec le développement des classes moyennes au sein des villes l'infanterie commença, qu'elle se montra d'abord dans les montagnes de la Suisse, puis dans les villes allemandes, italiennes, hollandaises; que, la poudre ayant renversé les murailles saillantes, les villes enfoncèrent leurs défenses en terre; qu'alors un art subtil, celui de la fortification moderne, prit naissance; qu'autour des villes à prendre ou à secourir, la guerre savante et hardie, la grande guerre, en un mot, reparut dans le monde; que les Nassau en furent les premiers maîtres, qu'ils y déployèrent d'éminentes qualités et une constance demeurée célèbre, que néanmoins enchaînée autour des places, elle resta timide encore; qu'une lutte sanglante s'étant engagée au Nord entre les protestants et les catholiques, laquelle dura trente ans, Gustave-Adolphe, opposant un peuple brave et solide à la cavalerie polonaise, fit faire de nouveaux progrès à l'infanterie; qu'entraîné en Allemagne, il rendit la guerre plus hardie, et la laissa moins que les Nassau circonscrite autour des places; qu'en France, Condé, heureux mélange d'esprit et d'audace, manifesta le premier le vrai génie des batailles, Turenne, celui des grands mouvements; que cependant l'infanterie partagée en mousquetaires et piquiers n'était pas manœuvrière; que Vauban, en lui donnant le fusil à baïonnette, permit de la placer sur trois rangs; que le prince d'Anhalt-Dessau, chargé de l'éducation de l'armée prussienne, constitua le bataillon

moderne qui fournit beaucoup de feux en leur
offrant peu de prise; que Frédéric, prenant cet
instrument en main et ayant à lutter aux frontières
de la Silésie et de la Bohême, changea l'ordre de
bataille classique, et le premier adapta les armes
au terrain; qu'obligé de tenir tête tantôt aux Autrichiens, tantôt aux Russes, tantôt aux Français,
il élargit le cercle des grandes opérations, et fut
ainsi dans l'art de la guerre l'auteur de deux progrès considérables; qu'après lui vint la Révolution
française, laquelle, n'ayant que des masses popu-
laires à opposer à l'Europe coalisée, résista par le
nombre et l'élan aux vieilles armées; que l'infanterie, expression du développement des peuples,
prit définitivement sa place dans la tactique moderne, sans que les armes savantes perdissent la
leur; qu'enfin un homme extraordinaire, à l'esprit
profond et vaste, au caractère audacieux comme
la Révolution française dont il sortait, porta l'art
de la grande guerre à sa perfection en méditant
profondément sur la configuration géographique
des pays où il devait opérer, en choisissant toujours bien le point où il fallait se placer pour
frapper des coups décisifs, en joignant à l'art des
mouvements généraux celui de bien combattre sur
chaque terrain, en cherchant toujours ou dans le
sol ou dans la situation de l'ennemi l'occasion de

ses grandes batailles, en n'hésitant jamais à les livrer, parce qu'elles étaient la conséquence de ses mouvements généraux, en s'y prenant si bien en un mot que chacune d'elles renversait un empire, ce qui amena malheureusement chez lui la plus dangereuse des ivresses, celle de la victoire, le désir de la monarchie universelle, et sa chute, de manière que ce sage législateur, cet habile administrateur, ce grand capitaine, fut à cause même de toutes ses supériorités très-mauvais politique, parce que perdant la raison au sein de la victoire, il alla de triomphe en triomphe finir dans un abîme.

Maintenant, si on le compare aux grands hommes, ses émules, non plus sous le rapport spécial de la guerre, mais sous un rapport plus général, celui de l'ensemble des talents et de la destinée, le spectacle devient plus vaste, plus moral, plus instructif. Si, en effet, on s'attache au bruit, à l'importance des événements, à l'émotion produite chez les hommes, à l'influence exercée sur le monde, il faut, pour lui trouver des pareils, aller chercher encore Alexandre, Annibal, César, Charlemagne, Frédéric, et en plaçant sa physionomie à côté de ces puissantes figures, on parvient à s'en faire une idée à la fois plus précise et plus complète.

Alexandre héritant de l'armée de son père, nourri du savoir des Grecs, passionné pour leurs applaudissements, se jette en Asie, ne trouve à combattre que la faiblesse persane, et marche devant lui jusqu'à ce qu'il rencontre les limites du monde alors connu. Si ses soldats ne l'arrêtaient, il irait jusqu'à l'océan Indien. Obligé de revenir, il n'a qu'un désir, c'est de recommencer ses courses aventureuses. Ce n'est pas à sa patrie qu'il songe, laquelle n'a que faire de tant de conquêtes; c'est à la gloire d'avoir parcouru l'univers en vainqueur. Sa passion c'est sa renommée, reconnue, applaudie à Athènes. Généreux et même bon, il tue son ami Clitus, ses meilleurs lieutenants, Philotas et Parménion, parce que leur langue imprudente a touché à sa gloire. La renommée, voilà son but, but le plus vain entre tous ceux qu'ont poursuivis les grands hommes, et tandis qu'après avoir laissé reposer son armée il va de nouveau courir après ce but unique de ses travaux, enivré des délices de l'Asie, il meurt sur la pourpre et dans le vin. Il a séduit la postérité par sa grâce héroïque, mais il n'y a pas une vie plus inutilement bruyante que la sienne, car il n'a point porté la civilisation grecque au delà de l'Ionie et de la Syrie où elle régnait déjà, et a laissé le monde grec dans l'anarchie, et apte uniquement à recevoir la conquête romaine. Moralement on aimerait mieux être le sage et habile Philopœmen, qui ne fit pas tout ce bruit, mais qui prolongea de quelques jours l'indépendance de la Grèce.

A côté de cette vie à la fois si pleine et si vide, voici la vie la plus vaste, la plus sérieuse, la plus énergique qui fut jamais : c'est celle d'Annibal. Ce mortel à qui Dieu dispensa tous les dons de l'intelligence et du caractère, et le plus propre aux grandes choses qu'on eût jamais vu, était sorti d'une famille de vieux capitaines, tous morts les armes à la main pour défendre Carthage. Son âme était une espèce de métal forgé dans le foyer ardent des haines que Rome excitait autour d'elle. A neuf ans il quitte Carthage avec son père, et va où allaient tous les siens, vivre et mourir en combattant contre les Romains. Ses jeux sont la guerre. Enfant, il couche sur les champs de bataille, se fait un corps insensible à la douleur, une âme inaccessible à la crainte, un esprit qui voit clair dans le tumulte des combats comme d'autres dans le plus parfait repos. Son père étant mort, son beau-frère aussi, l'un et l'autre les armes à la main, l'armée carthaginoise le demande pour chef à vingt-deux ans, et l'impose pour ainsi dire au sénat de Carthage, jaloux de la glorieuse famille des Barca. Il prend le commandement de cette armée, la fait à son image, c'est-à-dire pleine à la fois d'audace, de constance, et surtout de haine contre les Romains, la mène à travers l'Europe, inconnue alors comme l'est aujourd'hui le centre de l'Afrique, ose franchir les Pyrénées, puis les Alpes avec quatre-vingt mille hommes dont il perd les deux tiers dans ce trajet extra-ordinaire, et, dirigé par cette pensée profonde que c'est à Rome même qu'il faut combattre Rome, vient soulever contre elle ses sujets italiens mal soumis. Il fond sur les généraux romains, les force à sortir de leur camp en piquant la bravoure de l'un, la vanité de l'autre, les accable successive-ment, et triompherait de tous s'il ne rencontrait enfin un adversaire digne de lui, Fabius, qui veut qu'on oppose à ce géant non pas les batailles, où il est invincible, mais la vraie vertu de Rome, la persévérance. Annibal s'apercevant qu'il s'est trompé en comptant sur les Gaulois, bouillants mais inconstants comme tous les barbares, sentant Rome imprenable, va au midi de l'Italie, où se trouvait une riche civilisation, consistant en villes toutes gouvernées à l'image de Rome, c'est-à-dire par des sénats que le peuple jalousait. Il renverse partout le parti aristocratique, quoique aristocrate lui-même, donne le pouvoir au parti démocratique, fait de Capoue le centre de son empire, et ne s'endort point, comme on l'a dit, dans des délices qu'il ne sait pas goûter, mais repose, refait son armée amaigrie, amasse pour elle seule les richesses du pays, et abandonné de sa lâche nation, appelant le monde entier à son aide, étendant la guerre à la Grèce, à l'Asie, il détruit sans cesse les forces envoyées contre lui, se maintient douze ans dans sa conquête, au point de faire considérer aux Romains sa présence en Italie comme un mal sans remède. Mais un jour arrive où les Romains à leur tour portant la guerre sous les murs de Carthage, il est rappelé, lutte avec une armée détruite contre l'armée romaine reconstituée, et sa fortune déjà ancienne est vaincue par une fortune naissante, celle de Scipion, suivant l'ordinaire succession des choses humaines. Rentré dans sa patrie, il essaye de la réformer pour la rendre capable de recommencer la lutte contre les Romains. Dénoncé par ceux dont il attaquait les abus, il fuit en Orient, essaye d'y réveiller la faiblesse des Antiochus, y est suivi par la haine de Rome, et quand il ne peut plus lutter avale le poison, et meurt le dernier de son héroïque famille, car tous ont succombé comme lui à la même œuvre, œuvre sainte, celle de la résistance à la domination étrangère. En contemplant cet admirable mortel, doué de tous les génies, de tous les courages, on cherche une faiblesse, et on ne sait où la trouver. On cherche une passion personnelle, les plaisirs, le luxe, l'ambition, et on n'en trouve qu'une, la haine des ennemis de son pays. Le Romain Tite-Live l'accuse d'avarice et de cruauté. Annibal amassa en effet des richesses immenses, sans jamais jouir d'aucune, et les employa toutes à payer son armée, laquelle, composée de soldats stipendiés, est la seule armée mercenaire qui ne se soit jamais révoltée, contenue qu'elle était par son génie et par la sage distribution qu'il lui faisait des fruits de la victoire. Il envoya à Carthage, il est vrai, plusieurs boisseaux d'anneaux de chevaliers romains immolés par l'épée carthaginoise, mais on ne cite pas un seul acte de barbarie hors du champ de bataille. Les reproches de l'historien romain sont donc des louanges, et ce que la postérité a dit, ce que les générations les plus reculées répéteront, c'est qu'il offrit le plus noble spectacle que puissent donner les hommes : celui du génie exempt de tout égoïsme, et n'ayant qu'une passion, le patriotisme, dont il est le glorieux martyr.

Voici un autre martyr, non du patriotisme, mais de l'ambition, rare mortel, rempli de séduction, mais chargé de vices, et coupable d'affreux attentats contre la constitution de son pays : ce mortel est César, le troisième des hommes prodiges de l'antiquité. Né avec tous les talents, brave, fier, éloquent, élégant, prodigue et toujours simple, mais sans le moindre souci du bien ou du mal, il n'a qu'une pensée, c'est de réussir là où Sylla et Marius ont échoué, c'est-à-dire de devenir le maître de son pays. Alexandre a voulu conquérir le monde connu; Annibal a voulu empêcher la conquête de sa patrie; César, dans cette Rome qui a presque conquis l'univers, ne veut conquérir qu'elle-même. Il y emploie tous les arts, même les plus vils, la cruauté exceptée, non par bonté de cœur, mais par profondeur de calcul, et pour ne pas rappeler les proscriptions de Marius et de Sylla aux imaginations épouvantées. Il veut être édile, préteur, pontife, et contracte des dettes immenses pour acheter les suffrages de ses concitoyens. Il corrompt les femmes, les maris, comme il a cherché à corrompre le peuple. A tous les moyens de corruption il veut ajouter les séductions les plus élevées de l'esprit, et devient le plus parfait des orateurs romains. Délice et scandale de Rome, bientôt il n'y peut plus vivre. Il coalise alors l'a-vare Crassus, le vaniteux Pompée dont il gouverne la faiblesse, et se fait attribuer les Gaules, seul contrée où il reste quelque chose à conquérir dans les limites naturellement assignables à l'empire romain. Il conquiert non pour agrandir sa patrie, qui n'en a guère besoin, mais pour se créer des soldats dévoués, pour acquérir des richesses, et payer ainsi ses dettes et celles de ses avides partisans. Guerroyant l'été, intriguant l'hiver, il mène de ses quartiers de Milan la vanité de Pompée, l'avarice de Crassus, domine dix ans de la sorte les affaires romaines, et enfin lorsque Crassus mort en Asie il n'y a plus personne entre lui et Pompée pour amortir le choc des ambitions, il essaye d'abord de la ruse pour retarder une lutte dont il sent le péril, puis ne pouvant plus l'éviter, franchit le Rubicon, marche contre Pompée dont les légions étaient en Espagne, le pousse d'Italie en Épire, abandonne alors, comme il l'a dit si grandement, *un général sans armée pour courir à une armée sans général,* va dissoudre en Espagne les légions de Pompée que commandait Afranius, retourne ensuite en Épire, lutte contre Pompée lui-même, et termine à Pharsale la querelle de la suprême puissance. Il lui reste en Afrique, en Espagne, les débris du parti de Pompée à détruire; il les détruit, vient triompher à Rome de tous ses ennemis, et y fonde cette grande chose qu'on appelle l'empire romain, mais se fait assassiner par les républicains pour avoir voulu trop tôt mettre le nom sur la chose. Dans cette vie, tous les moyens sont pervers comme le but, et il faut cependant reconnaître à César un mérite, c'est d'avoir voulu à la république substituer l'empire, non par le sang comme Sylla ou Marius, mais par la corruption qui allait aux mœurs de Rome, et par l'esprit qui allait à son génie ; et le trait particulier de ce personnage extraordinaire, grand politique, grand orateur, grand guerrier, grand débauché surtout, et clément enfin sans bonté, sera toujours d'avoir été le mortel le plus complet qui ait paru sur la terre.

Maintenant pour trouver de tels hommes, il faut tourner bien des fois les feuillets du vaste livre de l'histoire, il faut passer à travers bien des siècles, et arriver au neuvième, où, entre le monde ancien et le monde moderne, apparaît Charlemagne !

Certes, qu'au sein de la civilisation, de son savoir si varié, si attrayant, si fécond, où le goût du savoir naît du savoir même, on trouve des mortels épris des lettres et des sciences, les aimant pour elles-mêmes et pour leur utilité, comprenant que c'est par elles que tout marche, le vaisseau sur les mers, le char sur les routes, que c'est par elles que la justice règne et que la force appuie la justice, que c'est par elles enfin que la société humaine est à la fois belle, attrayante, douce et sûre à habiter, c'est naturel et ce n'est pas miracle! Quels yeux, après avoir vu la lumière, ne l'aimeraient point? Mais qu'au sein d'une obscurité profonde, un œil qui n'a jamais connu la lumière, la pressente, l'aime, la cherche, la trouve, et tâche de la répandre, c'est un prodige digne de l'admiration et du respect des hommes. Ce prodige, c'est Charlemagne qui l'offrit à l'univers!

Barbare né au milieu de barbares qui avaient cependant reçu par le clergé quelques parcelles de la science antique, il s'éprit avec la plus noble ardeur de ce que nous appelons la civilisation, de ce qu'il appelait d'un autre nom, mais de ce qu'il aimait autant que nous, et par les mêmes motifs. A cette époque, la civilisation c'était le christianisme. Être chrétien alors c'était être vraiment philosophe, ami du bien, de la justice, de la liberté des hommes. Par toutes ces raisons, Charlemagne devint un chrétien fervent, et voulut faire prévaloir le christianisme dans le monde barbare, livré à la force brutale et au plus grossier sensualisme. A l'intérieur de cette France inculte et sans limites définies, le Nord-est, ou *Austrasie*, était en lutte avec le Sud-ouest, ou *Neustrie*, l'un et l'autre avec le Midi, ou *Aquitaine*. Au dehors cette France était menacée de nouvelles invasions par les barbares du Nord appelés Saxons, par les barbares du Sud appelés Arabes, les uns et les autres païens ou à peu près. Si une main ferme ne venait opposer une digue, soit au Nord, soit au Midi, l'édifice des Francs à peine commencé pouvait s'écrouler, tous les peuples pouvaient être jetés encore une fois les uns sur les autres, le torrent des invasions pouvait déborder de nouveau, et emporter les semences de civilisation à peine déposées en terre. Charlemagne, dont l'aïeul et le père avaient commencé cette œuvre de consolidation, la reprit et la termina. Grand capitaine, on ne saurait dire s'il le fut, s'il lui était possible de l'être dans ce siècle. Le capitaine de ce temps était celui qui, la hache d'armes à la main, comme Pepin, comme Charles Martel, se faisait suivre de ses gens de guerre en les conduisant plus loin que les autres à travers les rangs pressés de l'ennemi. Élevé par de tels parents, Charlemagne n'était sans doute pas moins vaillant qu'eux; mais il fit mieux que de combattre en soldat à la tête de ses grossiers soldats, il dirigea pendant cinquante années, dans des vues fermes, sages, fortement arrêtées, leur bravoure aveugle. Il réunit sous sa main l'Austrasie, la Neustrie, l'Aquitaine, c'est-à-dire la France, puis refoulant les Saxons au Nord, les poursuivant jusqu'à ce qu'il les eût faits chrétiens, seule manière alors de les civiliser et de désarmer leur férocité, refoulant au Sud les Sarrasins sans prétention de les soumettre, car il aurait fallu pousser jusqu'en Afrique, s'arrêtant sagement à l'Èbre, il fonda, soutint, gouverna un empire immense, sans qu'on pût l'accuser d'ambition désordonnée, car en ce temps-là il n'y avait pas de frontières, et si cet empire trop étendu pour le génie de ses successeurs ne pouvait rester sous une seule main, il resta du moins sous les mêmes lois, sous la même civilisation, quoique sous des princes divers, et devint tout simplement l'Europe. Maintenant pendant près d'un demi-siècle ce vaste empire par la force appliquée avec une persévérance infatigable, il se consacra pendant le même temps à y faire régner l'ordre, la justice, l'humanité, comme on pouvait les entendre alors, en y employant tantôt les assemblées nationales qu'il appelait deux fois par an autour de lui, tantôt le clergé qui était son grand instrument de civilisation, et enfin ses représentants directs, ses fameux *missi dominici*, agents de son infatigable vigilance. Sachant que les bonnes lois sont nécessaires, mais que sans l'éducation les mœurs ne viennent pas appuyer les lois, il créa partout des écoles où il fit couler, non pas le savoir moderne, mais le savoir de cette époque, car de ces fontaines publiques il ne pouvait faire couler que les eaux dont il disposait.

Joignant à ces laborieuses vertus quelques faiblesses qui tenaient pour ainsi dire à l'excellence de son cœur, entouré de ses nombreux enfants, établi dans ses palais qui étaient de riches fermes, y vivant en roi doux, aimable autant que sage et profond, il fut mieux qu'un conquérant, qu'un capitaine, il fut le modèle accompli du chef d'empire, aimant les hommes, méritant d'en être aimé, constamment appliqué à leur faire du bien, et leur en ayant fait plus peut-être qu'aucun des souverains qui ont régné sur la terre. Après ces terribles figures des Alexandre, des César qui ont bouleversé le monde, beaucoup plus pour y répandre leur gloire que pour y répandre le bien, avec quel plaisir on contemple cette figure bienveillante, majestueuse et sereine, toujours appliquée ou à l'étude ou au bonheur des hommes, et où n'apparaît qu'un seul chagrin, mais à la fin de ses jours, celui d'entrevoir les redoutables esquifs des Normands, dont il prévoit les ravages sans avoir le temps de les réprimer. Tant il y a qu'aucune carrière ici-bas n'est complète, pas même la plus vaste, la plus remplie, qu'aucune vie n'est heureuse jusqu'à son déclin, celle même qui a le plus mérité de l'être !

En descendant vers les temps modernes, on ne rencontre plus de ces figures colossales, soit que

la proximité diminue les prestiges, soit que le
monde en se régularisant laisse moins de place aux
existences extraordinaires ! Charles-Quint, avec
sa profondeur et sa tristesse, Henri IV, avec sa
séduction et sa fine politique, les Nassau, avec
leur constance, Gustave-Adolphe, vainqueur avec
si peu de soldats de l'Empire germanique, Cromwell, assassin de son roi et dominateur de la révolution anglaise, Louis XIV, avec sa majesté et
son bon sens, ne s'élèvent pas à la hauteur des
glorieuses figures que nous avons essayé de peindre.
Il faut arriver à deux hommes, Frédéric et Napoléon, que le double éclat de l'esprit et du génie
militaire place, le premier assez près, le second
tout à fait au niveau des grands hommes de l'antiquité. Frédéric, sceptique, railleur, chef cou-
ronné des philosophes du dix-huitième siècle,
contempteur de tout ce qu'il y a de plus respectable au monde, se moquant de ses amis mêmes,
prédestiné en quelque sorte pour braver, insulter,
humilier l'orgueil de la maison d'Autriche et du
vieil ordre de choses qu'elle représentait, osant
au sein de l'Europe bien assise, où les places
étaient si difficiles à changer, osant, disons-nous,
entreprendre de créer une puissance nouvelle,
ayant eu l'honneur d'y réussir en luttant à lui seul
contre tout le continent, grâce il est vrai à la fri-

volité des cours de France et de Russie, grâce
aussi à l'esprit étroit de la cour d'Autriche, et
après avoir fait vingt ans la guerre, maintenant
par la politique la plus profonde la paix du continent, jusqu'à partager audacieusement la Pologne
sans être obligé de tirer un coup de canon, Frédéric est une figure originale et saisissante, à laquelle cependant il manque la grandeur bien que
les grandes actions n'y manquent pas, soit parce
que Frédéric après tout n'a fait que changer la
proportion des forces dans l'intérieur de la Confé-
dération germanique, soit parce que cette figure
railleuse n'a point la dignité sérieuse qui impose
aux hommes!

La grandeur! ce n'est pas ce qui manque à celui
qui lui a succédé et l'a surpassé dans l'admiration
et le ravage du monde! Il était réservé à la Révolution française, appelée à changer la face de la
société européenne, de produire un homme qui
attirerait autant les regards que Charlemagne,
César, Annibal et Alexandre. A celui-là ce n'est
ni la grandeur du rôle, ni l'immensité des bouleversements, ni l'éclat, l'étendue, la profondeur du
génie, ni le sérieux d'esprit qui manquent pour
saisir, attirer, maîtriser l'attention du genre humain! Ce fils d'un gentilhomme corse, qui vient
demander à l'ancienne royauté l'éducation dis-

pensée dans les écoles militaires à la noblesse
pauvre, qui, à peine sorti de l'école, acquiert dans
une émeute sanglante le titre de général en chef,
passe ensuite de l'armée de Paris à l'armée d'Italie,
conquiert cette contrée en un mois, attire à lui et
détruit successivement toutes les forces de la coalition européenne, lui arrache la paix de Campo-
Formio, et déjà trop grand pour habiter à côté du
gouvernement de la République, va chercher en
Orient des destinées nouvelles, passe avec cinq
cents voiles à travers les flottes anglaises, conquiert l'Égypte en courant, songe alors à envahir
l'Inde en suivant la route d'Alexandre, puis ramené tout à coup en Occident par le renouvellement de la guerre européenne, après avoir essayé
d'imiter Alexandre, imite et égale Annibal en franchissant les Alpes, écrase de nouveau la coalition
et lui impose la belle paix de Lunéville, ce fils du
pauvre gentilhomme corse a déjà parcouru à trente
ans une carrière bien extraordinaire! Devenu quelque temps pacifique, il jette par ses lois les bases
de la société moderne, puis se laisse emporter à
son bouillant génie, s'attaque de nouveau à l'Europe, la soumet en trois journées, Austerlitz, Iéna,
Friedland, abaisse et relève les empires, met sur
sa tête la couronne de Charlemagne, voit les rois
lui offrir leur fille, choisit celle des Césars, dont

il obtient un fils qui semble destiné à porter la plus brillante couronne de l'univers, de Cadix se porte à Moscou, succombe dans la plus grande catastrophe des siècles, refait sa fortune, la défait de nouveau, est confiné dans une petite île, en sort avec quelques centaines de soldats fidèles, reconquiert en vingt jours le trône de France, lutte de nouveau contre l'Europe exaspérée, succombe pour la dernière fois à Waterloo, et après avoir soutenu des guerres plus grandes que celles de l'empire romain, s'en va, né dans une île de la Méditerranée, mourir dans une île de l'Océan, attaché comme Prométhée sur un rocher par la haine et la peur des rois, ce fils du pauvre gentilhomme corse a bien fait dans le monde la figure d'Alexandre, d'Annibal, de César, de Charlemagne! Du génie il en a autant que ceux d'entre eux qui en ont le plus; du bruit il en a fait autant que ceux qui ont le plus ébranlé l'univers; du sang, malheureusement il en a versé plus qu'aucun d'eux. Moralement il vaut moins que les meilleurs de ces grands hommes, mais mieux que les plus mauvais. Son ambition est moins vaine que celle d'Alexandre, moins perverse que celle de César, mais elle n'est pas respectable comme celle d'Annibal, qui s'épuise et meurt pour épargner à sa patrie le malheur d'être conquise. Son ambition est l'ambition ordinaire des conquérants, qui aspirent à dominer dans une patrie agrandie par eux. Pourtant il chérit la France, et jouit de sa grandeur autant que de la sienne même. Dans le gouvernement il aime le bien, le poursuit en despote, mais n'y apporte ni la suite, ni la religieuse application de Charlemagne. Sous le rapport de la diversité des talents il est moins complet que César, qui ayant été obligé de séduire ses concitoyens avant de les dominer, s'est appliqué à persuader comme à combattre, et sait tour à tour parler, écrire, agir, en restant toujours simple. Napoléon, au contraire, arrivé tout à coup à la domination par la guerre, n'a aucun besoin d'être orateur, et peut-être ne l'aurait jamais été quoique doué d'éloquence naturelle, parce que jamais il n'aurait pris la peine d'analyser patiemment sa pensée devant les hommes assemblés, mais il sait écrire néanmoins comme il sait penser, c'est-à-dire fortement, grandement, même avec soin, parfois est un peu déclamatoire comme la Révolution française sa mère, discute avec plus de puissance que César mais ne narre pas avec sa suprême simplicité, son naturel exquis. Inférieur au dictateur romain sous le rapport de l'ensemble des qualités, il lui est supérieur comme militaire, d'abord par plus de spécialité dans la profession, puis par l'audace, la profondeur, la fécondité inépuisable des combinaisons, n'a sous ce rapport qu'un égal ou un supérieur (on ne saurait le dire), Annibal, car il est aussi audacieux, aussi calculé, aussi rusé, aussi fécond, aussi terrible, aussi opiniâtre que le général carthaginois, en ayant toutefois une supériorité sur lui, celle des siècles. Arrivé en effet après Annibal, César, les Nassau, Gustave-Adolphe, Condé, Turenne, Frédéric, il a pu pousser l'art à son dernier terme. Du reste, ce sont les balances de Dieu qu'il faudrait pour peser de tels hommes, et tout ce qu'on peut faire c'est de saisir quelques-uns des traits les plus saillants de leurs imposantes physionomies.

Pour nous Français, Napoléon a des titres que nous ne devons ni méconnaître, ni oublier, à quelque parti que notre naissance, nos convictions ou nos intérêts nous aient attachés. Sans doute en organisant notre état social par le Code civil, notre administration par ses règlements, il ne nous donna pas la forme politique sous laquelle notre société devait se reposer définitivement, et vivre paisible, prospère et libre, il ne nous donna pas la liberté, que ses héritiers nous doivent encore; mais, au lendemain des agitations de la Révolution française, il ne pouvait nous procurer que l'ordre, et il faut lui savoir gré de nous avoir donné avec l'ordre notre état civil et notre organisation administrative. Malheureusement pour lui et pour nous, il a perdu notre grandeur, mais il nous a laissé la gloire qui est la grandeur morale, et ramène avec le temps la grandeur matérielle. Il était par son génie fait pour la France, comme la France était faite pour lui. Ni lui sans l'armée française, ni l'armée française sans lui, n'auraient accompli ce qu'ils ont accompli ensemble. Auteur de nos revers mais compagnon de nos exploits, nous devons le juger sévèrement, mais en lui conservant les sentiments qu'une armée doit au général qui l'a conduite longtemps à la victoire. Étudions ses hauts faits qui sont les nôtres, apprenons à son école, si nous sommes militaires l'art de conduire les soldats, si nous sommes hommes d'État l'art d'administrer les empires; instruisons-nous surtout par ses fautes, apprenons en évitant ses exemples à aimer la grandeur modérée, celle qui est possible, celle qui est durable parce qu'elle n'est pas insupportable à autrui, apprenons en un mot la modération auprès de cet homme le plus immodéré des hommes. Et, comme citoyens enfin, tirons de sa vie une dernière et mémorable leçon, c'est que, si grand, si sensé, si vaste que soit le génie d'un homme, jamais il ne faut lui livrer complétement les destinées d'un pays. Certes nous ne sommes pas de ceux qui reprochent à Napoléon d'avoir dans la journée du 18 brumaire arraché la France aux mains du Directoire, entre lesquelles peut-être elle eût péri : mais de ce qu'il fallait la tirer de ces mains débiles et corrompues, ce n'était pas une raison pour la livrer tout entière aux mains puissantes mais téméraires du vainqueur de Rivoli et de Marengo. Sans doute si jamais une nation eut des excuses pour se donner à un homme, ce fut la France lorsqu'en 1800 elle adopta Napoléon pour chef! Ce n'était pas une fausse anarchie dont on cherchait à faire peur à la nation pour l'enchaîner. Hélas non! des milliers d'existences innocentes avaient succombé sur l'échafaud, dans les prisons de l'Abbaye, ou dans les eaux de la Loire. Les horreurs des temps barbares avaient tout à coup reparu au sein de la civilisation épouvantée, et même après que ces horreurs étaient déjà loin, la Révolution française ne cessait d'osciller entre les bourreaux auxquels on l'avait arrachée, et les émigrés aveugles qui voulaient la faire rétrograder à travers le sang vers un passé impossible, tandis que sur ce chaos se montrait menaçante l'épée de l'étranger! A ce moment revenait de l'Orient un jeune héros plein de génie, qui partout vainqueur de la nature et des hommes, sage, modéré, religieux, semblait né pour enchanter le monde! Jamais assurément on ne fut plus excusable de se confier à un homme, car jamais terreur ne fut moins simulée que celle qu'on fuyait, car jamais génie ne fut plus réel que celui auprès duquel on cherchait un refuge! Et cependant après quelques années, ce sage devenu fou, fou d'une autre folie que celle de quatre-vingt-treize, mais non moins désastreuse, immolait un million d'hommes sur les champs de bataille, attirait l'Europe sur la France qu'il laissait vaincue, noyée dans son sang, dépouillée du fruit de vingt ans de victoires, désolée en un mot, et n'ayant pour refleurir que les germes de la civilisation moderne déposés dans son sein. Qui donc eût pu prévoir que le sage de 1800 serait l'insensé de 1812 et de 1813? Oui, on aurait pu le prévoir, en se rappelant que la toute-puissance porte en soi une folie incurable, la tentation de tout faire quand on peut tout faire, même le mal après le bien. Ainsi dans cette grande vie où il y a tant à apprendre pour les militaires, les administrateurs, les politiques, que les citoyens viennent à leur tour apprendre une chose, c'est qu'il ne faut jamais livrer la patrie à un homme, n'importe l'homme, n'importe les circonstances! C'est le dernier cri qui s'échappe de mon cœur, cri sincère que je voudrais faire parvenir au

cœur de tous les Français, afin de leur persuader à tous qu'il ne faut jamais aliéner sa liberté,
et, pour n'être pas exposé à l'aliéner, n'en jamais
abuser.

FIN.

TABLE ANALYTIQUE

DES MATIÈRES.

FIN DE LA TABLE.